日経文庫
NIKKEI BUNKO

LGBTを知る

森永貴彦

日本経済新聞出版社

はじめに

グローバル化が進み、超スマート社会の到来、経済の成熟を迎える日本にとって、ダイバーシティ（多様性）＆インクルージョン（包摂）への取り組みは必要不可欠であると言われています。時代の変化と共に、生活者の多様化も急速に進んでおり、企業にとっても、ビジネスとしてダイバーシティ＆インクルージョンへの対応は急務と言えるでしょう。

性別、年齢、国籍など、目に見えるアイデンティティに関する従来のダイバーシティ推進活動は当然のこと、昨今では宗教、セクシュアリティ（性のあり方）など目に見えないアイデンティティの多様性に関する理解も求められる時代となっています。

今、その中のひとつ、性的マイノリティの総称として使われる「LGBT」という言葉の認知が、国内で急速に拡がっています。数年前までほとんど知られていなかった、この「LGBT」という言葉は、今や7割以上の人々に認知されており、様々なメディアでも、毎日のように「LGBT」に関するニュースや情報が流れるようになりました。これは性的指向および性同一性（性自認）（Sexual Orientation & Gender Identity :SOGI）に関する国内の意識が急速に高まっていることを示します。

多様性の尊重や、マイノリティに対する理解ある社会を実現するため、企業や官公庁、自治体が急速に動き出していることが背景にあり、東京オリンピック・パラリンピック開催を2020年に控えていることも、大きな要因だと言えます。本書では、こうした国内の現状を踏まえ、セクシュアリティとは何か、LGBTとは何かを分かりやすく解説していきます。

森永　貴彦

2018年3月

ＬＧＢＴを知る　目次

第2章　企業とＬＧＢＴ

第3章【実践】ＬＧＢＴと向き合う①——ロードマップ作り　95

第4章【実践】LGBTと向き合う②——マーケティング編 129

第5章　事例から学ぶＬＧＢＴへの取り組み　163

第1章 LGBTの基礎知識

1　多様な性のあり方

セクシュアリティとは

「LGBT」という言葉の正しい理解には、まずセクシュアリティという言葉に関する理解が必要です。日本では耳慣れない言葉かもしれませんが、セクシュアリティとは「性のあり方」を表す言葉です。これは、人間ひとりひとりの人格に不可欠な要素であり、生物学的な性、性に関する自己認識、恒常的に好きになる性的指向、性行動における性的な嗜好、生殖活動などの性に関する行動など、人の性に関連する様々な概念を含む行動・傾向の総称として使われます。

このセクシュアリティは様々な構成要素から成り立っており、人それぞれに異なることから、誰一人として同じではありません。つまり、セクシュアリティとは、性に関する人それぞれが個々に持つアイデンティティと言えます。

こうした多様なセクシュアリティに対する知識や理解は、日本国内ではあまり浸透しておらず、性については、戸籍上の性である「男性」「女性」の2種類が前提とされており、これに当てはまらないセクシュアリティの存在は、ほとんど理解が浸透していない状況と言えます。国際社会の意識変化や、国内経済環境の変化を踏まえ、日本は今、こうした多様なセクシュアリティへの理解を増進するべきタイミングに立たされています。

企業や地方自治体により提供されているサービスや商品においても、その多くは「男女二元論」を前提としていることが現状としてあり、多様な性のあり方を受け入れ始めている国際社会とは異なる状況です。グローバル化が進む国際社会において、多様化する生活者のニーズへの対応力のひとつとしても、多様なセクシュアリティを理解することは重要な課題と言えるでしょう。

セクシュアリティの構成要素

セクシュアリティを理解する上で、重要な3つの代表的な構成要素があります。

①　身体性（Sex）

② 性同一性（性自認）（Gender Identity）
③ 性的指向（Sexual Orientation）

これらは、それぞれに独立した構成要素であり、その組み合わせによって、多様な性のあり方を理解することができます。それでは、各構成要素について簡単に説明していきます。

① 身体性（Sex）……からだの性
身体性とは、生まれた時の生物学的な性を指します。一般的に医師によって男・女に区別されるため、それだけに限られると思われがちですが、解剖学的、遺伝子学的に見れば、からだの性も非常に多様です。染色体や外性器が定型的な男女に該当しない方もおり、様々な身体性があるとされています。

② 性同一性（性自認）（Gender Identity）……こころの性
身体性に関わらず、自己が属する性別についての自己認識です。身体性と性同一性（性自

認）は必ずしも一致するものではなく、身体上の性別に対して違和を覚える方もいます。

③　性的指向（Sexual Orientation）……好きになる性

身体性や性同一性（性自認）に関わらず、魅力を感じる（恋愛や性愛の対象とする）性傾向です。性行動の嗜好性を示す「嗜好」ではないことに注意して下さい。「異性愛」「同性愛」「両性愛」などが代表的ですが、性的指向が全てに向く「全性愛」、性的指向がない「無性愛」など、性的指向は多様にあります。

これらの３つの構成要素に加え、昨今では、性表現という構成要素への意識も高まりつつあります。

※性表現（Gender Expression）……ふるまう性

身体性、性同一性（性自認）、性的指向に関わらず、自身が望む言葉づかい、仕草、服装などを示す言葉で、セクシュアリティの構成要素のひとつとされています。「男性らしく」

「女性らしく」といったジェンダーに縛られることなく、自身が望む言葉遣いや服装などを尊重することも重要という考え方もあります。

こうしたセクシュアリティの構成要素は、いずれにおいても男女に二分されるものではなく、グラデーションを描くようにプロットされ、人それぞれ違うものとして存在します。男女二元論の単純な組み合わせ理論で成り立つのではなく、人それぞれの固有のアイデンティティとして、無限にセクシュアリティは存在しているという認識が重要です（図表1―1）。

「LGBT」という言葉にとどまらない多様なセクシュアリティ

このように、多様なセクシュアリティが存在する中で「LGBT」とは一体どういうものなのでしょうか。LGBTという言葉は、レズビアン（Lesbian）、ゲイ（Gay）、バイセクシュアル（Bisexual）、トランスジェンダー（Transgender）の英語の頭文字をとったもので、性的マイノリティを総称する言葉のひとつです。

「ひとつ」と記載した理由は、性的マイノリティはLGBTに限られるのではなく、その他

図表 1-1　セクシュアリティのグラデーションマップ

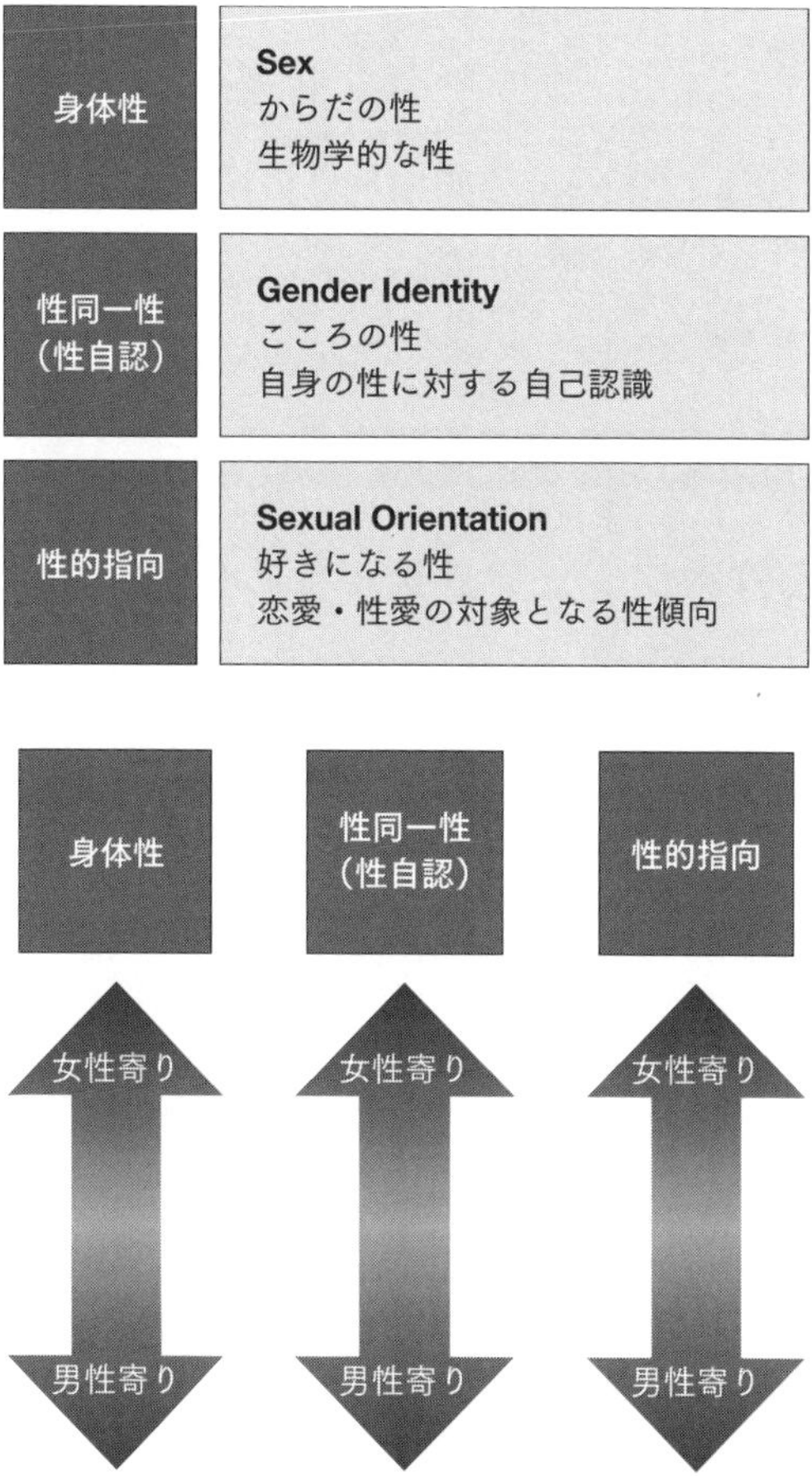

にも多様なマイノリティが存在しているからです。世界的には様々な表現があり、LGBTQ、LGBTI、LGBTIAQ、さらにはLGBTTIQQI2SA（2009年にカナダ・トロントのパレードで出現した言葉）など性的マイノリティを総称する言葉は増える一方であり、全てを包摂する総称を決定することはも

COLUMN

こんなセクシュアリティもあります

■Aセクシュアル（アセクシュアル）

無性愛者。性的指向（好きになる性）がない人。

程度の差はあるものの、他者に対して恒常的に恋愛感情や性的欲求を抱くことがない方を指します。

■パンセクシュアル（オムニセクシュアル）

全性愛者。性的指向（好きになる性）が全てに向く人。

両性愛者と異なり、相手の性同一性（性自認）が「男」「女」に限られず、あらゆる性同一性（性自認）の人が対象となります。

■クエスチョニング

自身の性的指向、性同一性（性自認）が定まっておらず、決定していない人。

全ての人が、自己のセクシュアリティを明確に自覚できるわけではなく、自身の性的指向や性同一性（性自認）に疑問を抱いたり、迷う人も少なくありません。明確に自身のセクシュアリティに自覚を持つ人もいれば、持たないままの人もいます。

はや不可能な状況になってきています。

昨今では、こうした状況を踏まえ、国際的には性的マイノリティを総称する言葉を決めるのではなく、すべての性を表す表現として「Sexual Orientation & Gender Identity」（略称：SOGI）という言葉に置き換えられています。

また最近では「SOGIE」として、「Gender Expression」の「E」を加え、より多様な性のあり方を表す概念として使用されるケースも見られます。「LGBT」という言葉のように、性的マイノリティを限定して示す言葉を使用するのではなく、セクシュアリティをマジョリティ・マイノリティに分けず、誰もが固有に持つアイデンティティであるという考え方の基に、国際社会では、こうした表現を採用する場合があります。

ちなみに、現在の日本国内では「SOGI」が使用されているシーンは少ない状況で、性的マイノリティを総称する言葉のひとつである「LGBT」が最も使用されている状況です。

2 ＬＧＢＴとは

「ＬＧＢＴ」をセクシュアリティの構成要素から理解する

ＬＧＢＴという言葉が、性的マイノリティの総称であることは前述の通りですが、ＬＧＢＴとひとくくりにしても、ＬＧＢＴはそれぞれ全く異なるセクシュアリティを指しています。セクシュアリティの構成要素からそれぞれのセクシュアリティを正しく理解していきましょう。

■性同一性（性自認）（Gender Identity）に関するセクシュアリティ区分

身体性に対し、性同一性（性自認）が一致する人を「シスジェンダー」と呼称します。一方で、一致していない人を「トランスジェンダー」と呼称します。ＬＧＢＴのＴは、このトランスジェンダーを指します。シスジェンダーが多数派であり、トランスジェンダーが少数派です。

トランスジェンダーの方の全てが、性同一性障がいとは限りません。当事者の中で、社会に対し、自己の性同一性（性自認）の承認を強く望んでいる場合、自身の身体性を嫌悪あるいは忌避したり、身体性と異なる性別に対し、強く持続的な同一感を抱いたり、身体性と異なる性別としての性別役割を果たそうとするケースがあります。中には、自傷行為に及ぶほどの苛烈性を伴うこともあり、こうした場合に、精神科医によって、性同一性障がいと認定されることがあります。異性装をする「服装倒錯症」とは異なります。

現在、性同一性（性自認）に対する社会の理解が浸透していないことから、自己の性同一性（性自認）の承認が得られず困難を感じる当事者もいるので、周囲の理解が求められます。

■性的指向（Sexual Orientation）に関するセクシュアリティ区分

性的指向（好きになる性）が、自身の性同一性（性自認）に対し異性の場合は「ヘテロセクシュアル（異性愛者）」、同性の場合は「ホモセクシュアル（同性愛者）」、両性の場合は「バイセクシュアル（両性愛者）」と呼称します。同性愛者の中でも、女性同性愛者を「レズ

マップによる LGBT 区分

〈バイセクシュアル（両性愛者）〉

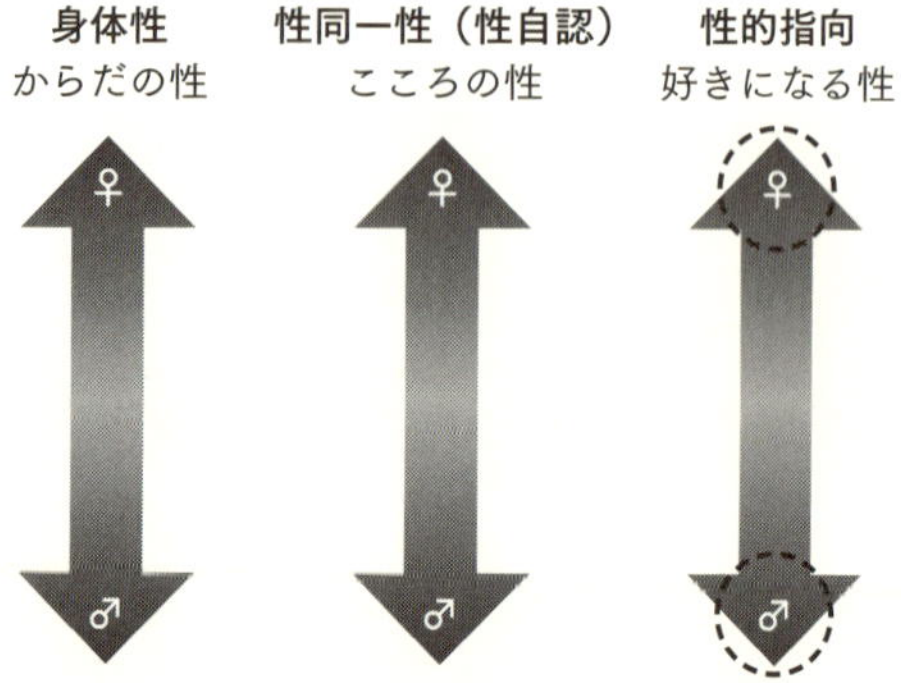

好きになる性が両性

〈トランスジェンダー（性別違和の方）〉

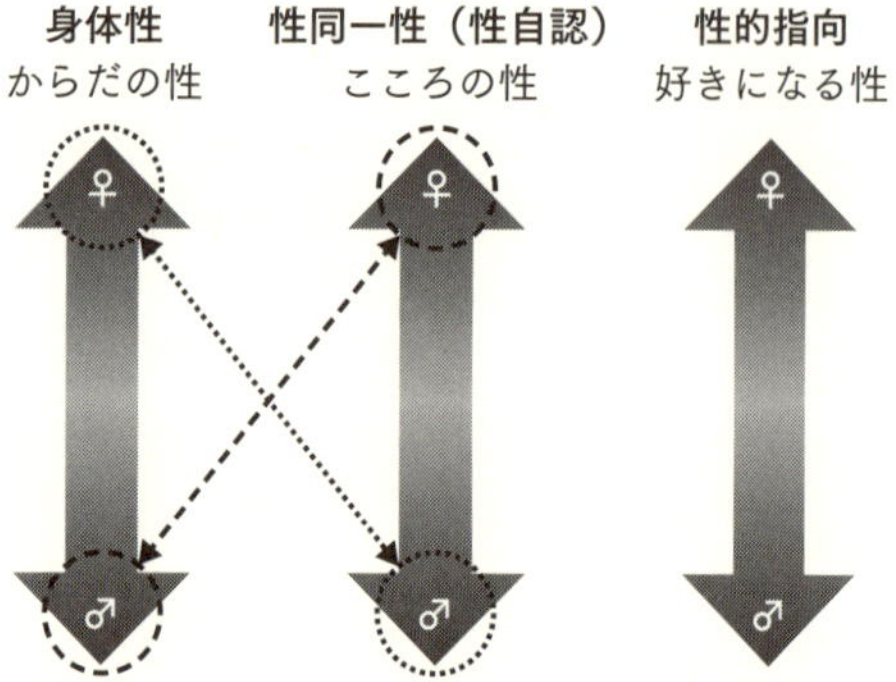

からだの性とこころの性が一致しない

図表 1-2　グラデーション

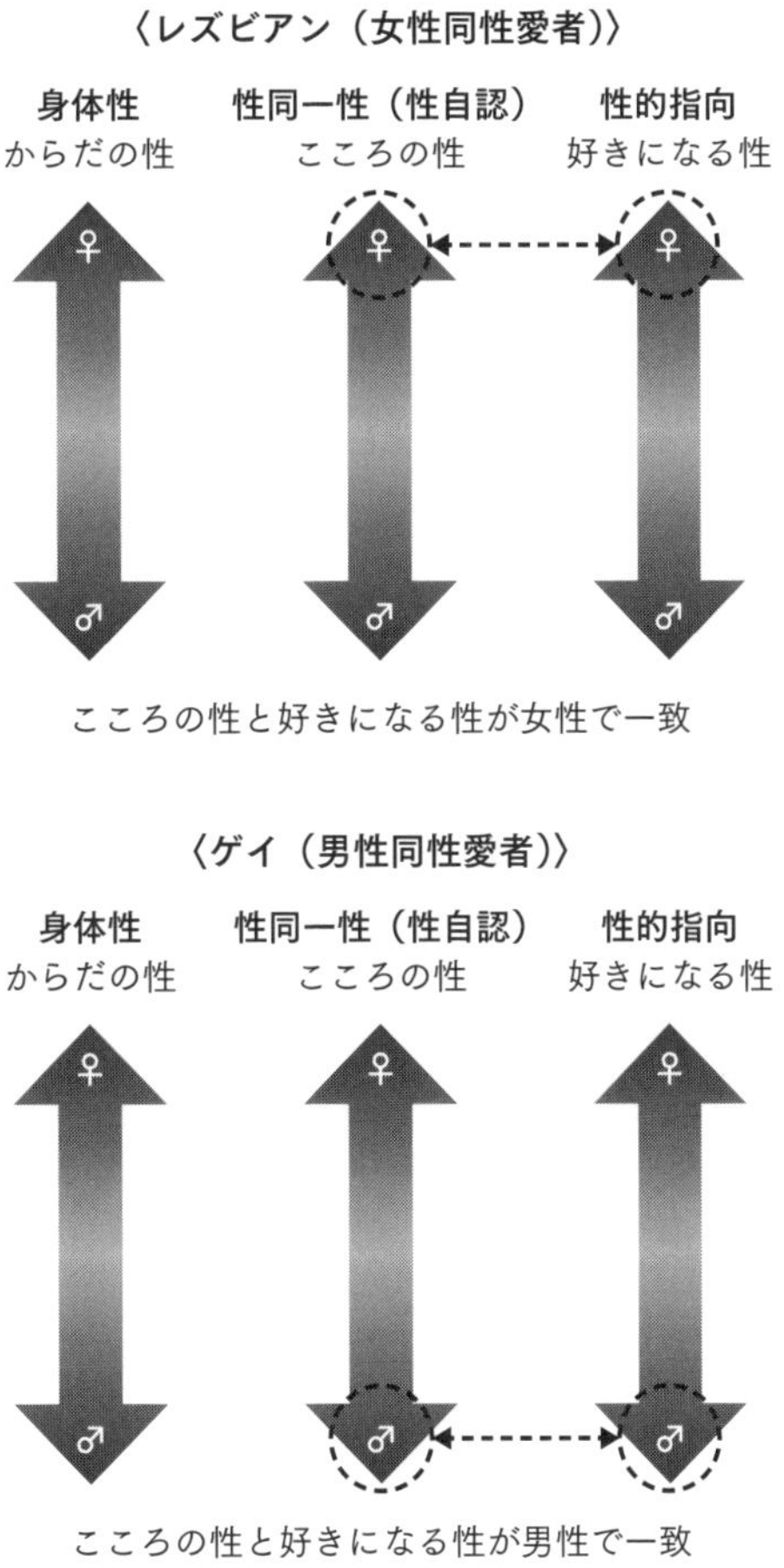

図表1-3　LGBT区分

※LGBTとひとくくりにされていますが、
Tの中にもL,G,Bは存在しています。

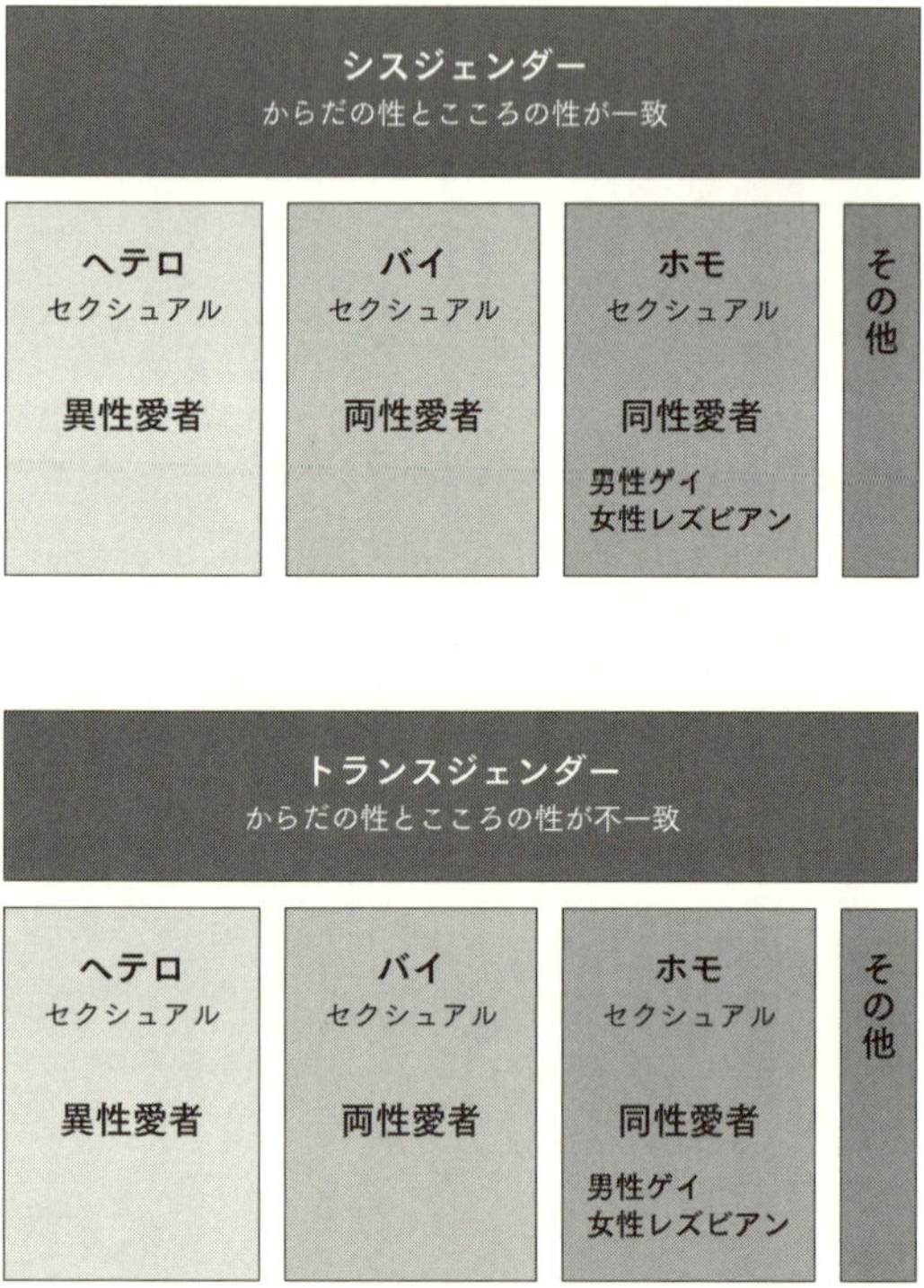

ビアン」、男性同性愛者を「ゲイ」と呼称しています。ヘテロセクシュアルは性的指向におけるマジョリティであり、L、G、Bはマイノリティとなります。

これらをわかりやすく、セクシュアリティの構成要素を示したグラデーションマップで見ると、図表1－2で示すことができます。

また、LGBTは単純な横並びに表記となっているものの、シスジェンダーにもトランスジェンダーにも、異性愛、同性愛、両性愛が存在しており、トランスジェンダーにもレズビアン、ゲイ、バイセクシュアルが存在するといったケースもあることを忘れてはいけません(図表1－3)。

国内の性的マイノリティは人口の8%

LGBTは性的なマイノリティということもあり、あまり身近に感じられないかもしれません。しかし、実は非常に身近に存在しています。LGBT総合研究所が2016年5月、全国10万人を対象に実施したインターネット調査（有効回答数約8万9000人）では、国内でLGBTに該当する人は5・9%、その他の性的マイノリティを含めると8・0%でした（図表1－4）。

人口の8％というと、約12人か13人に1人の割合で、左利きの人や、血液型がAB型の人と同じような出現率で性的マイノリティは存在しているということになります。国内で約1000万人近い人口規模というと、全国2位の神奈川県の人口数にも匹敵します。

世界各国の調査では、調査手法や対象者条件は異なりますが、約3～6％がLGBTだとされています。

こうしてみると、5・9％という結果は、決して世界的に見ても突出して高いわけでもありません。国内でも、世界各国同様、3～6％の割合でLGBTに該当する人が存在しているという理解を持つことが重要です。

ちなみに、LGBTの人口統計は非常に困難とも言われています。自己申告による調査であれば、調査を実施する国や地域におけるセクシュアリティに対する法制状況や理解の浸透度合いなどに応じ出現率は大きく左右されると言われています。自己申告をしづらい社会状況の場合、回答者は自身のセクシュアリティを回答しづらくなるためです。

また電話調査や対面式調査では、さらに出現率は低くなると言われています。こうしたこ

図表1-4　国内のLGBT出現率
性的マイノリティは約8.0%
LGBTは約5.9%

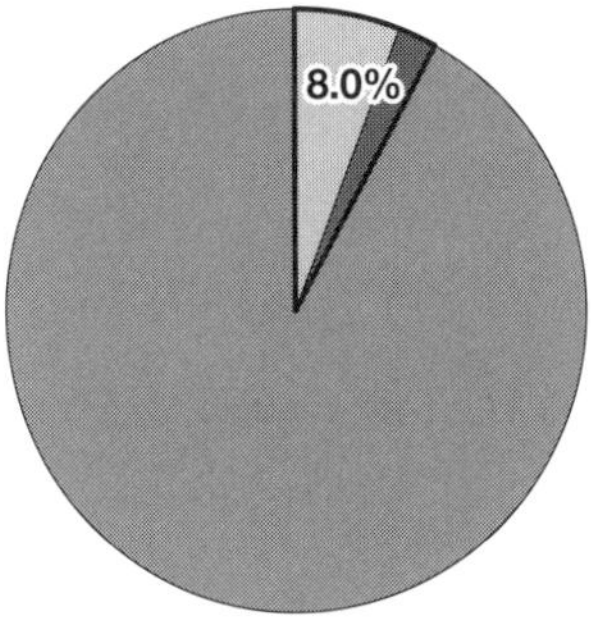

セクシュアリティ	回答者数	出現率
レズビアン	1,522	1.70%
ゲイ	1,731	1.94%
バイセクシュアル	1,557	1.74%
トランスジェンダー	418	0.47%
Aセクシュアル	651	0.73%
その他の性的マイノリティ	1,254	1.40%
上記以外（非LGBT）	82,232	92.02%
有効回答者総数	89,366	100.00%

※人口構成比に応じたウエイトバック集計済み
［出所］「LGBT意識行動調査2016（事前スクリーニング調査）」
全国20～59歳、有効回答者89,366名、2016/05/16-19

とを踏まえると、一番肝心なことは、正確な数値の把握ではなく、周囲に確実に存在しているということを理解することです。

しかし、実際に生活している中で、そこまでLGBTや性的マイノリティの人を知っているでしょうか？　ほとんどの人が、そうした実感を持たずに生活していると思います。

これは、セクシュアリティが目に見えないアイデンティティであるがゆえに、周囲に存在しているLGBTに気が付かず生活しているという状況からくるものです。実際、定量調査でもLGBTに該当しない方の88・5％が、「周囲にLGBT当事者はいない」と回答しました。特に男性では94・2％と高く、女性の82・7％に比べ、周囲のLGBTを認識していない率が高いということも判明しています。

このようにLGBTが周囲にいないと思われる大きな理由のひとつが「カミングアウト」している当事者が少ないことです。カミングアウトとは自身のセクシュアリティを、自身の意志で他者に公表することです。

自身のセクシュアリティを隠していることを「クローゼット」と称しており、「クローゼットの中から飛び出す」という意味を込めて「カミングアウト」という言葉が使われるようになった歴史的な経緯があります。もちろん、カミングアウトは個人の自由であり、セクシュアリティを他者にカミングアウトする必要はまったくありません。

日常生活で、自身のセクシュアリティを公言する必要のないシーンも多く、他者へ伝える義務もありません。しかしながら、自身のセクシュアリティに対して正直に生活したいLGBTや性的マイノリティの方も少なくありません。

LGBTのカミングアウト意向では、「仕事や生活に支障がなければカミングアウトしたい」と回答した人は41・5％だったのに対し、実際のカミングアウト率は、友人（LGBT以外）に対しては13・0％、家族に対しては10・4％、職場環境においては4・3％という結果にとどまりました（図表1－5）。

こうした国内の低いカミングアウト率の背景には、まだまだ国内で多様なセクシュアリティへの理解が低く、誤った認識に基づく偏見が存在していることが理由として挙げられます。

例えば、職場や学校におけるLGBT・性的マイノリティに対する差別的な言動について、LGBT当事者の27・1％が見聞きしていると回答しているのに対し、LGBT以外の人たちでは11・1％と低い現状が明らかになりました。LGBTが差別的と感じる言動に対

図表 1-5　国内 LGBT のカミングアウト実態

Q. あなたは、LGBTであるということを、自分の意志でどなたかにカミングアウトしたことはありますか。
あてはまるものを全てお選びください。

回答者　LGBT層（337名）

［出所］「LGBT 意識行動調査 2016」
全国 20〜59 歳、LGBT 層：828ss、非 LGBT 層：208ss、2016/05/19-21

図表 1-6　正しい理解の促進への考え方

Q. LGBTなど性的マイノリティに関して、あなたの考えや経験に近いものをそれぞれ選んで下さい。
★LGBTに対する社会の正しい理解が促進されることが望ましい。

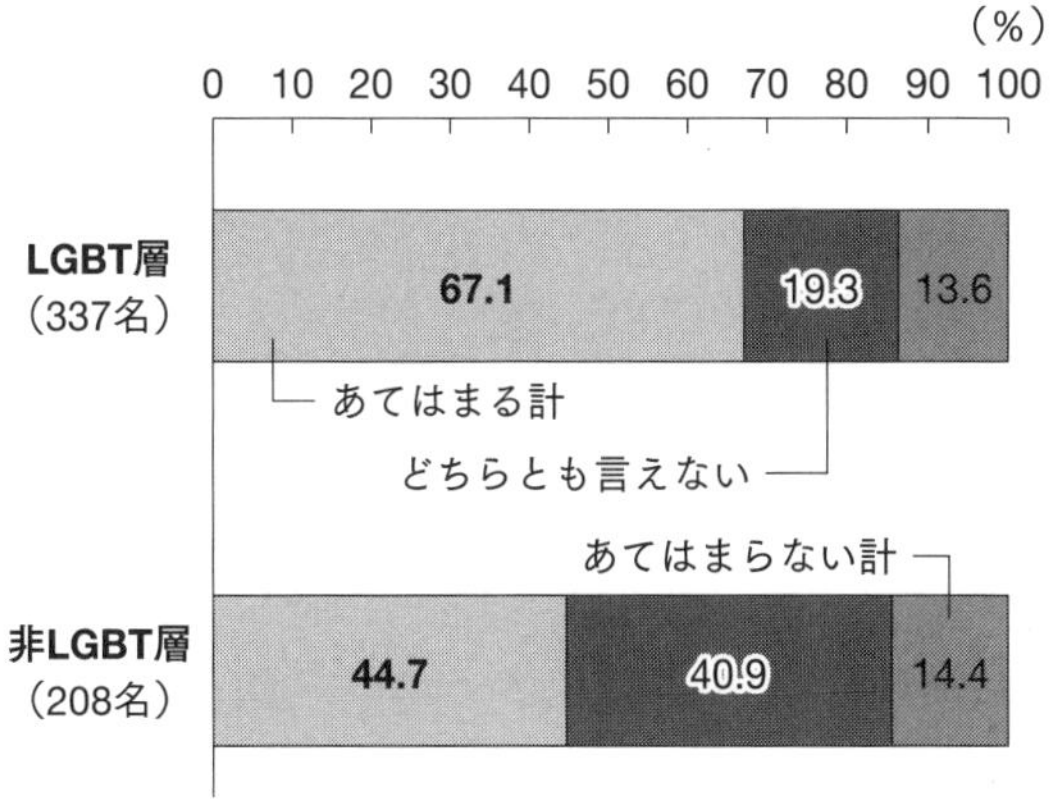

［出所］「LGBT 意識行動調査 2016」
全国 20～59 歳、LGBT 層：828ss、非 LGBT 層：208ss、2016/05/19-21

し、ＬＧＢＴ以外の人たちは差別的な言動だと感じていない可能性があります。

こうした現状に対し、実際にＬＧＢＴ当事者の59・3％が、ＬＧＢＴに対する社会の理解が誤っていると感じており、ＬＧＢＴ当事者の67・1％は、正しい理解の促進が望ましいと回答しています。一方、ＬＧＢＴ以外の人たちでは44・7％と、理解促進の必要性を、半数以上は考えていないことが課題として浮き彫りになっています（図表1－6）。

ＬＧＢＴ・性的マイノリティが感じる困難とは

こうした国内実態が浮き彫りになる中、一体、ＬＧＢＴは何に困っているのでしょうか。

性的指向や性同一性（性自認）に関する悩みはそれぞれ異なりますが、多様なセクシュアリティに対する理解が浸透せず、誤解による否定的言動や偏見に晒されていることで、ＬＧＢＴ・性的マイノリティは常に3つのストレスを感じています。

①　否定的言動によるストレス

多様なセクシュアリティに対する理解が周囲になく、誤解や偏見によって否定的な言動に晒されることで、自己否定されるため、自尊心を保つことが困難となるストレスです。L、G、B、Tはそれぞれ違うにも関わらず、性的指向や性同一性（性自認）、性表現の違いで誤った捉えられ方をすることは日常的に起きています。

テレビで散見される、いわゆる「オネェ」タレントのようなイメージを持たれることも、そのひとつです。LGBTの全ての人が異性の格好や、言葉づかいをしているわけではないにも関わらず、国内では、いまだそうした誤った認識が広く普及しています。

② 男女二元論によるストレス

世の中には男性・女性の2種類しかいないという前提の環境に晒されることで、そこに当てはまらない自己を否定されるため、孤独を感じてしまうストレス。「男なんだからこうあれ」「女なんだからこうしろ」といった社会的なジェンダーロール（性差による役割論）を押し付けられることもそのひとつです。

対人関係のみならず、公的機関や企業、その他様々な場所で多い性別聴取の機会において「男」「女」のみしか選択肢がないことで、自分はいずれかに当てはめなければいけないということでも、こうしたストレスを感じる人が一部にいます。多様な性が存在しているということが忘れられ、自分は社会の構成要員として認められていないと感じることもしばしばあります。男らしさ、女らしさを大事にする人を尊重すると共に、個性を尊重するという人権上の観点から、生まれながらに様々な性を生きている人に対する配慮を忘れてはいけません。

③　カミングアウトに関するストレス

セクシュアリティというパーソナルな情報を、望む・望まないに関わらず、勝手に暴露される「アウティング」に対する不安を常に抱きながら生活せねばならないことで感じるストレス。

多くの当事者は、理解が浸透していない国内の現状から、自身のセクシュアリティを必死に隠しているにも関わらず、周囲から言動などで「結婚していないのは同性愛者だから？」「あの人、オネェっぽいよね」などの疑惑や噂話をされるなど、周囲の視線や言動に対し、自身のセクシュアリティを悟られぬように振る舞う当事者も多いのです。

こうしたストレスを常に抱えながら生活しているため、性的マイノリティの多くは、自尊心を傷つけられることも多々あり、メンタルヘルスをはじめとする健康不安を抱えることもしばしばあります。また、カミングアウトしていない当事者も多いため、同じセクシュアリティ同士で接する機会を得られないLGBTも多く、周囲に相談する機会や環境に恵まれず、孤立するケースも少なくありません。自死や健康被害のハイリスク層とされています。

こうした状況を改善するためにも、セクシュアリティに関する知識と理解を増進することが必要であり、理解の浸透によって、当事者が生活上のストレスのない社会の実現を果たすことが必要になります。

3　LGBTと社会

元来、日本においては歴史的にみても、性的指向、性同一性（性自認）の多様なあり方については、必ずしも社会的に閉ざされてきたわけではありません。むしろ国際的に見ても、非常に寛容な国であったと考えられます。

しかしながら、明治維新以降、西洋化の流れと共に、キリスト教に根付いた価値観が是とされてきたことや、高度経済成長の中で性差による役割論（ジェンダーロール）が明確化したことなどから、少しずつ性的マイノリティに対するタブー視は強まっていきました。しかし、伝統芸能として受け継がれている歌舞伎の女形など、性別に固定されないあり方を楽しむ文化が息づいていることからも、日本は文化的には性的指向や性同一性（性自認）の多様性は受容されやすい国であるとも考えられます。

世界と日本のＬＧＢＴに関する歴史を振り返り、差別や偏見を持たれるようになったのは、いつから、どのような理由なのかを探っていきましょう。

世界のＬＧＢＴに関する歴史――差別から権利獲得への歴史をたどる

ＬＧＢＴは古くから存在しており、紀元前６００年頃から、貴族における王子と未成年の少年間の少年愛関係を正式に採用していたことが記録されています。

古代ギリシアでは、男性同士の少年愛は「美」とされ、ポリスと言われる都市では、年長者が庇護者として少年を愛することが称揚されていました。そして紀元前27年には、ローマ帝国でアウグストゥスの治世下に史上初の同性結婚が記録されています。性的指向に限らず、ネイティブアメリカンの文化では異性装をする者が、部族会議の助言役を務めており、占いや預言者、治療師としても活躍していたとされています。

このような性的指向や性同一性（性自認）に関する多様性に対して、大きな変化をもたらしたのがキリスト教です。旧約聖書の創世記に記されている「ソドムの街」の記述を根拠に、同性愛は「ソドミー」と呼ばれ、社会的に排除されることになりました。342年、同性結婚を禁止する最初の法令が制定され、390年には同性間の性的交渉を違法とし、火あぶりの刑に処すことが宣言されました。

その後、ルネサンス期にネオプラトニズムの影響もあり、比較的同性愛に寛容な時代を迎えた時期もありましたが、同性愛に対する厳しい歴史は繰り返されていました。

19世紀に入ると、オランダやブラジル、ポルトガル、メキシコ、イタリアなどでは同性愛行為の非犯罪化や合法化が進む一方、アメリカ、イギリス、ドイツなどでは、資本主義、ナショナリズムの台頭で、国家と大衆は同性愛を「反自然的」な罪として厳罰化を進めました。ホモフォビアと言われる同性愛嫌悪が蔓延した時期です。

20世紀に入り、ファゴット（faggot）という単語が、ゲイを差別的に指す隠語として現れたり、ゲイ（Gay）という単語が同性愛者を指すものとして初めて用いられるようになりました。

こうした同性愛は、精神病の一種として扱われていましたが、処刑や厳罰化、また人権を無視した無理な治療を重ねる当時の性科学に対して疑問を呈したのが、マグヌス・ヒルシュフェルトというドイツの精神科医です。

彼は「性科学研究所」を設立し、「世界性改革連盟」を成立させ、同性愛を禁じる当時の刑法の廃止を訴えました。世界でも初めて、科学的に「性」を研究し、同性愛に限らない多様な性的指向を概念化し、一覧化を試みていました。また異性装を「トランスベスティズム」とし、性的指向以外の研究にも幅を拡げていました。

そんな彼の努力も虚しく、1933年、ナチスは同性愛者を厳しく取り締まり、強制収容所へと送り虐殺しました。マグヌス・ヒルシュフェルトの性科学研究所と、その膨大な蔵書は焼却されるという結末を迎えたのです。しかし、こうした研究が、現在の性の多様性の理解に大きく貢献したことは言うまでもありません。

さて、当時のナチスは、強制収容所内で男性の同性愛者を区別するために〝ピンク・トライアングル〟という胸章を、装着するよう義務付けていました。現在では、LGBTの権利を主張するためのモチーフとしてプライドパレード等で、レインボーフラッグと共に掲揚されているものです。

ちなみに、当時の女性の同性愛者（レズビアン）はヒトラーの人種政策である「子供を作ってドイツの出生率を高めることのできない人たち」には当てはまらないとされており、迫害対象にはなっていませんでした。また、性交渉する相手がドイツ人でない場合も迫害対象から外されたとされています。しかし、一部のレズビアンを含める「反社会的」とされた女性たちは収容所内で〝ブラック・トライアングル〟の装着が同様に義務付けられていた状況でした。

1933年から終戦する1945年までに約10万人の男性同性愛者が逮捕され、半数の5万人は通常の刑務所に拘留、5000人から1万5000人が強制収容所へ収容され、虐殺されたと言われています。

第2次世界大戦が終結し、公民権運動が進んでもなお、世界では同性愛者への差別は続きました。連合国軍によりナチスの強制収容所は解放されたものの、男性同性愛を禁じる「ドイツ刑法第175条」により、その刑期が終わるまでの服役が要求されていました。これは、東ドイツ・西ドイツでも戦後しばらくはこの法律が適用され、東西ドイツ統一後の1994年まで撤廃されませんでした。

アメリカでは「ホモ狩り」と呼ばれる同性愛者への迫害が行われ、200人近い同性愛者が性的指向を理由に政府から解雇。戦後にゲイやレズビアンが都市部で集まってコミュニティを形成し始めていましたが、マッカーシズムにより、こうした同性愛者への弾圧は続きました。

イギリスでは、第2次世界大戦で同国に貢献した人工知能の父と言われるアラン・チューリングが、風俗壊乱罪という同性愛に対する罪で逮捕。保護観察の身となった後、ホルモン療法を強要されました。その後、死亡した時には、青酸中毒による自殺と断定されました。

一方で、戦後1946年、世界初のLGBT支援団体「COC」がオランダで組織されるという動きも起きています。COCは現存するLGBT支援団体の中で、最も歴史が長いことで知られています。

ちなみに、2001年にオランダは同性婚合法化を達成した最初の国となっており、1960年代にはオランダ国内のLGBTを嫌悪する人が36％でしたが、2008年には4％にまで下げることに成功しています。オランダのLGBTに寛容な国民性には、COCの多岐にわたる長期的な活動が大きな影響をもたらしたとも言われます。

1960年代に入り、差別と偏見に対する当事者の権利獲得運動が活発になり始めます。1961年には、アメリカのサンフランシスコで、全米初の男性同性愛を公表した公職選挙候補者が登場。結果的には落選したものの、市議会議員選挙において存在感を示し、その得票数も決して少なくなかったため、ゲイコミュニティ票の影響力に注目する候補者が増え、その後の社会意識を変化させたと言われています。1962年には、イリノイ州が全米で初めて同性愛を禁止するソドミー法を撤廃。こうした動きから、同性愛者を中心とする権利獲得運動が活発化し始めます。

1966年にはコンプトンズ・カフェテリアの反乱という事件が起きました。コンプトンズ・カフェテリアは1940年代から70年代にかけて、サンフランシスコのテンダーロインストリートに実在したカフェテリアチェーンで、トランスジェンダーやドラァグクイーン等の異性装をする人々にとって唯一集うことのできる場所でした。

このカフェテリアでトラブルが起き、警察とトランスジェンダーが衝突。当時、異性装自体が違法とされていたためトランスジェンダーやドラァグクイーンは今では考えられないような不当な扱いを受けており、日常的に不満を抱えていた中、反乱は店外の道路まで拡大しました。

騒動の翌日に、近辺に住むLGBTコミュニティーの人々が大勢集まり、トランスジェンダーに対して不当な行動をとる警察に対抗し、カフェテリアにてピケ（デモをデモ破りから守ったり、一般市民にデモへの参加を促す行動）を実施したという事件です。トランスジェンダーに対する不当な扱いを訴える目的のデモとしては、サンフランシスコで初の反乱と言われており、その後のトランスジェンダー史上初の権利獲得運動とも言われています。

こうした運動は、これにとどまりません。1969年、ニューヨーク市ではストーンウォールの反乱と言われる歴史的な暴動が勃発します。ニューヨーク州では、依然としてソドミー法が敷かれており、1965年まで警官による予告なしのゲイバーの取り締まりが頻発していました。異性装した者や同性同士で淫らな行為をしている者は連行されたり、警官がゲイになりすます囮《おとり》捜査も横行しているような状況でした。

しかし、１９６５年以降、リベラル派の新市長ジョン・リンゼイ氏が就任後、ホモファイル（同性愛擁護）運動の団体であるマタシン協会のディック・ライチとの距離も近く、同性愛者に対し比較的寛容な姿勢を取るようになってきました。

市の職員面接で性的指向を問わないことや、囮捜査方法の改定、バーにおいて同性愛者への酒類提供を合法化するなど、宥和的取り組みがなされたほどでした。これにより、ニューヨークのゲイバーは着実に増えていったと言われています。

しかし市長選が近くなり、１９６９年、リンゼイは支持拡大のため警官によるゲイバー摘発を開始。６月28日深夜、警官がゲイバーのストーンウォール・インへ踏み込んだのです。

店内には２００名近い客がいましたが、連行されたのは身分証明書を持たない者、異性装をした者、そして従業員の一部だけでした。こうした中、店外の同性愛者の群衆が、踏み込んだ警察官らに瓶や硬貨を投げて明らかに抗議の姿勢を示しました。

彼らの抗議は次第に大きくなり、〝ストーンウォールの反乱〟が始まりました。警察は応援を要請し、最終的に45分ほどで鎮静化しましたが、警察400人と同性愛者2000人の衝突で多くの負傷者が出て、店内は跡形もないような惨状だったといいます。

その後さらに、7月2日夜、再度約1000人の同性愛者により暴動が起きましたが、警察優勢で反乱は終結しました。しかし、この反乱を機に、同性愛者を取り巻く環境は急速に変化しました。急進的な「ゲイ解放戦線」が反乱の1ヶ月後にニューヨークで組織され、各州のソドミー法撤廃の動きも活発になっていくことになったのです。

1973年末には、全国で1100もの同性愛団体が発足したと言われています。この事件から1年、1970年6月、ニューヨークで世界で初めてのプライドパレード（性的マイノリティの権利獲得運動のひとつ）が行われました。LGBT蔑視に対抗する運動は全米に拡がり、サンフランシスコ、ロサンゼルスでも行われました。これを機に、アメリカでは6月はプライド月間と言われ、性的マイノリティの権利を考える月とされています。

こうした激動の1960年代を経て、70年代にはLGBTの社会的受容や権利運動が盛んになります。1975年には、米コロラド州で初の同性婚証明書が発行、1977年にはゲイを公表したハーヴェイ・ミルクが市議会議員選挙に当選（翌年暗殺）します。1979年にはワシントンDCでも同性愛者の権利獲得を望む政治集会が行われ、12万人近くが集まりました。

1990年、WHO（世界保健機関）は「疾病及び関連保健問題の国際統計分類」第10版を発行。それまで、同性愛は性交渉の有無を問わず精神疾患のひとつだとされていましたが「性的指向そのものは精神疾患とは言えないが、〝Ego-dystonic Sexual Orientation（自我失調症性的指向）〟つまり自身の性的指向・性同一性（性自認）に違和感を強く覚える患者に対しては処置を施すことができる」と変更をしました。

2001年には、世界で初めてオランダが同性婚を認めるなど、21世紀に入り、長く差別と偏見に晒されていたLGBTや性的マイノリティは急速に人権を擁護されることになります。戦後、同性愛者を中心とした権利運動が盛んだったアメリカでも、2015年6月26日、連邦最高裁判所は同性間での結婚の権利を憲法上で認める判断を下しました。それまで50州のうち13州が依然として同性婚を認めていなかったものの、この判決によりアメリカ全土での同性婚が合法化されることとなりました。

この判決は「オバーゲフェル判決」と呼ばれており、原告は同性婚が禁止されている州の同性愛者達でした。オバーゲフェル裁判ではオハイオ、ミシガン、ケンタッキー、テネシー4州の連邦高等裁判所による同性婚を認めない判決が連邦最高裁判所の最終判断に委ねられており、法の下の平等を保障する合衆国憲法修正第14条などを根拠とし、同性婚は合憲であると判断されました。

当時のオバマ大統領は「これはアメリカにとっての勝利だ」と声明を発表し、その夜のホワイトハウスはレインボーカラーが投影され、性の多様性が世界に強く示された一夜となりました。

日本のＬＧＢＴに関する歴史――性の多様性に寛容な国家、ニッポン

日本は、古来より同性愛や異性装などに対しては寛容な国でした。

宗教的にも同性愛や異性装を厳格に禁じていたキリスト教とは違い、伝統的な神道や仏教、儒教などでも明示的な禁止はなく、様々な過去の記録が残っています。日本で最初の同性愛に関する記録は「日本書紀」にまでさかのぼるとされています。

奈良時代における仏教の広まりと共に、寺院では「稚児」と言われる少年を寵愛する風習が広まったとされています。こうした「男色」の流行が、平安時代から鎌倉時代に、公家にも及んだことは、藤原頼長の日記『台記』にも記されています。

武士社会の室町時代においても足利義満が能役者の世阿弥を寵愛し、ふたりの男色関係は芸能文化の発展に寄与したと言われています。当時の能や狂言においても男色要素がとても多く取り入れられており、文化的にも同性愛が理解されていたことが明らかになっています。

戦国時代においても武士の男色が盛んであり、織田信長、武田信玄、伊達政宗など、数々の名将が記録に挙げられています。当時の日本の男色について、1549年に来日したスペインのフランシスコ・ザビエルは「日本人の罪悪」として男色が普及していることを記しています。また1579年に来日したイタリア宣教師のヴァリニャーノも「日本人は男色を公然と口にし、隠そうとはしていない」と、その社会環境に驚いたことを記していました。当時の日本は、客観的にみても、同性愛に寛容であり、むしろ積極的な状況だったことがうかがえます。

僧侶、公家、武家と広まった同性愛は、江戸時代には町人にも拡がり、全盛期を迎えます。しかしながら、江戸中期より、君主への忠誠よりも男色相手との関係を大切にする風潮が現れるなどしたため、風紀の乱れを指摘する動きから、厳重な取り締まりが始まりました。こうした流れから、幕末には同性愛行為は公然と行われるものではなくなりました。

日本において大きな変化をもたらしたのは、同性愛を「ソドミー」として罪悪視していた西洋のキリスト教社会の価値観でした。明治維新の頃より、西欧の近代精神分析学や価値観が流入し、同性愛は異端視される状況へと急転したのです。

1872年（明治5年）には同性間性交渉を禁止する条例が設けられ、翌年には違反した者は懲役刑とされるようになりました。この規定は、1880年（明治13年）制定の旧刑法には盛り込まれず、1882年（明治15年）には消滅しましたが、日本で唯一、同性愛行為が刑事罰の対象とされた時期となりました。

こうした西欧文化の影響を受けたため、大正から昭和にかけて同性愛者は社会的に許容されにくいものとなり、徐々に社会から存在感を失うこととなります。富国強兵・殖産興業の国策の下、同性愛者は弾圧されるようになり、戦時中は「非国民」として扱われていました。

終戦直後は、権威喪失や街娼の流行と共に、同性愛者や異性装者も弾圧から解放されたかのごとく、社会に出ようとしました。三島由紀夫に代表されるような同性愛の告白や、同性愛サークル「アドニス会」の発足、雑誌の刊行など、表現としての自由は多少ありましたが、社会的な理解はそれほどなく、アンダーグラウンドなものとして、社会に歓迎される状況には至りませんでした。

1950年代には、同性愛のコミュニティとして、現在の新宿三丁目である「要町」、新宿御苑である「千鳥街」、新宿ゴールデン街である「花園街」界隈に、一般の飲み屋に交じってゲイバーができ始めました。また1960年代後半には現在の新宿二丁目を中心にゲイタウンが形成されるようになるなど、同性愛者、異性装者などが徐々にコミュニティ形成を始めるようになります。

1970年代に入り、ゲイ雑誌などの創刊ラッシュが起きると共に、欧米の同性愛解放運動の影響が日本にも波及し始めることになります。1971年に日本で初めて、ゲイを公表する選挙候補者が現れました。参議院議員選挙に立候補した東郷健は、当時タブー視されていた「ゲイ」「おかま」などの言葉を躊躇なく政見放送で多用し、自身を「オカマの東郷健」として売り出し、「伝説のおかま」と称され、大きな話題となりました。

当時はエンターテインメント的な側面ばかり取り上げられましたが、同性愛・性的マイノリティ・障がい者への差別撤廃や性差別の撤廃、性病・エイズ問題の解決を訴える主張を続け、当時としてはかなり先進的な人物だったと言われています。選挙には多数回立候補したものの全て落選。選挙活動以外にも、ゲイ雑誌の創刊・ゲイバー経営・ゲイのための診療所を開設するなどＬＧＢＴコミュニティに向けて多岐にわたる活動で支援を行ったとして知られています。

これを機に、同性愛者の解放を目指す「ゲイリベレーション」が拡がり、１９７６年には「日本同性愛者解放連合」が結成されたのを皮切りに、様々な組織、団体が誕生しました。80年代の前後には、同性愛者を中心とした雑誌や機関紙などの発行が続いたり、美輪明宏、東郷健、おすぎ、ピーコといった著名人が、自身のセクシュアリティを公表しベストセラーになるなどの動きが見られました。

特に80年代後半は、メディアでの扱いが爆発的に増え、「ゲイ・ブーム」と言われる時期でした。1988年の「笑っていいとも（フジテレビ系）」では「Mr.レディー＆Mr.タモキンの輪！」が人気を博し、90年以降、新宿二丁目を舞台にした小説「YES・YES・YES」が文藝賞を受賞、文藝春秋の雑誌「クレア」がゲイ特集を企画したり、DIME、朝日ジャーナル、アエラなど多くの雑誌やテレビ番組などで、ゲイ特集が組まれた時期を迎えていました。

1990年代に入り、医学的にも社会的にも変化が始まります。1994年に厚生省（当時）が指導書における「性非行」の項から同性愛を除外しました。前年にWHOが「同性愛はいかなる意味でも治療の対象とならない」と宣言したのを踏襲し、同性愛者団体からの働きかけから実現したのです。また、同年8月には日本で初めて「東京レズビアン・ゲイ・パレード」という名称のパレードが開催されました。これはアジア初のフィリピン開催（同年6月）に次ぐもので、新宿中央公園から宮下公園までの区間で行われました。開始当初の参加者は1000人程度。ILGA日本支部が中心となって企画されました。

その後も規模は拡大、96年には最大で3000人の参加者を記録したといいます。こうしたパレードやＨＩＶ啓発イベントなどによって、90年代はゲイリベレーションの大衆化が進んだ時代となりました。

２０００年代に入り、国内で初めて同性愛者の人権を明記した条例が宮崎県都城市で２００３年に施行されました。また同年、トランスジェンダーであることを公言した上川あやが、世田谷区議に立候補し当選を果たします。同年の性同一性障害者特例法の成立にも大きく貢献しました（正式には「性同一性障害者の性別の取り扱いの特例に関する法律」）。一定の条件が満たされれば性別の変更を行うことができるとするもので、２００４年に施行されました。

身体性と性同一性（性自認）が異なっており、継続的に身体性に違和を覚えて、身体性を自認する性に変更したいと望むことさえある状態を、医学的な疾患として「性同一性障がい」と言います。この性同一性障がいであると診断された人が、ホルモン治療や性別適合手術を受けるなどの要件を満たした上で、家庭裁判所に申し立てをして、戸籍上の性別を変更することができるようにするものです。

これは、そのような診断により外的手術を受けた人が、外見と公的文書の性別が違うことから、選挙を含む社会活動において多くの問題を生んでいたことが影響していることを背景に当事者からの要望で実現したものです。このように、政治においても多様な性との向き合いが生まれ、2000年以降、様々な党が政権公約において徐々に取り組みを宣言するようになっていきます。

また、メディアにおいても、女性装をするタレントや、「オネェ」言葉を使用するタレントなどが増えており、地上波の娯楽番組でも同性愛者が出演するケースも増えてきました。しかし、こうしたステレオタイプな同性愛者の取り上げ方に対し、当事者からは「同性愛者のイメージが異性装に偏ってしまっている」「性的マイノリティが表現性に偏って扱われることで、誤った認識が拡がる」「男性同性愛者のみを取り上げており、女性同性愛者が社会的に無視されつつある」といった懸念も出ています。それほど、男性同性愛者が日常的に露出されている状況になっていました。

2012年には国内で初めて同性同士のレズビアンカップルとして、増原裕子と東小雪が東京ディズニーリゾートで結婚式を挙げ話題になりました。また2014年には国内で初めてトランスジェンダーの特別養子縁組が許可されていたことが明らかになるなど、性的指向や性同一性（性自認）におけるマイノリティが、マジョリティと同様のライフスタイルを送ることができるようにしようという動きが見えるようになります。

そして2015年には日本では初めての画期的な取り組みとして、渋谷区が同性パートナシップ証明書の発行を含む条例を施行しました。正式名称は「渋谷区男女平等及び多様性を尊重する社会を推進する条例」であり、区議会において3月31日に成立、4月1日に施行されました。

この条例では、渋谷区に住む20歳以上の同性愛者を対象に、公正証書等の作成を条件とし、パートナーシップ証明書を発行するというものです。同性間のパートナーシップ証明を行うものとしては日本初で、大きな話題となりました。

条例は3章構成で、第1章では区の公的機関や施設等で男女平等・多様性の尊重を実現するため施策を推進することや、特に事業所では男女間や性的少数者への差別が禁じられています。第2章では、男女平等・多様性推進に関する計画の策定と実施状況を公表することや、証明書発行における条件が示されています。また第3章では、男女平等・多様性社会推進会議を設置、推進目標に向かい審議を実施するとしています。

この条例は2012年に渋谷区議会議員の長谷部健議員により提案され、2014年7月に検討会を設置。2015年3月中には議会に提出され、審議の後、賛成多数で委員会を通過。そして3月31日の本会議採決で反対10票、賛成21票で可決されました。こうした流れに次いで、同年8月には世田谷区でも、同性パートナーシップ宣誓書が発行される要綱案が発表され、11月より順次発行が実施されています。こうした流れは、兵庫県宝塚市、沖縄県那覇市、三重県伊賀市、北海道札幌市と拡がりを見せています。

2015年3月17日には、自民党の馳浩衆院議員が、民主党細野豪志衆院議員に声を掛け、超党派の議員連盟を発足させました。両氏の目指す方向性は必ずしも一致していたわけではなく、法制化を主張する細野氏に対し、馳氏はいきなり法制化を打ち出すと、かえって反発が強く出ると考え、議連の運用によって性的マイノリティの直面する困難の解決を目指していました。

こうした状況から超党派議連の動きとは別に、各党独自の動きが進みます。民主党には、2015年4月に「LGBTに関する政策検討WT（ワーキングチーム）」が設置されました。翌年2016年5月には、野党4党で「性的指向又は性自認を理由とする差別の解消等の推進に関する法律案」(通称LGBT差別解消法案)を衆議院に提出しています。

一方、与党である自由民主党も2016年2月には「性的指向・性自認に関する特命委員会」を党内に設置し、「性的指向・性自認の多様なあり方を受容する社会を目指すためのわが党の基本的な考え方」を公表。「カムアウトできる社会ではなくカムアウトする必要のない、互いに自然に受け入れられる社会の実現」を目指すとした上で、学校や職場におけるいじめや差別の解消、人権の保護、相談窓口の普及等、きわめて詳細かつ具体的に課題を示しています。

行政においても、2016年6月に閣議決定された「ニッポン一億総活躍プラン」「経済財政運営と改革の基本方針2016~600兆円経済への道筋~」で、「性的指向、性自認に関する正しい理解を促進するとともに、社会全体が多様性を受け入れる環境づくりを進める」ことが明記されています。

また文部科学省は、2015年より児童生徒への配慮を求める通知を出し、翌年には教職員向けの理解増進を目的としたパンフレットを配付。2017年には、高校で使用する教科書に「ＬＧＢＴ」という言葉が初めて明記されました。

厚生労働省では、２０１６年より、採用選考の指針を示した「公正な採用選考の基本」においで「ＬＧＢＴ等性的マイノリティの方（性的指向及び性自認に基づく差別）など特定の人を排除しないこと」と明記しました。２０１７年には、男女雇用機会均等法のいわゆる「セクハラ指針」において、被害者の性的指向・性同一性（性自認）にかかわらず該当する行為をセクシュアルハラスメントとみなすことを明記しています。

また、国家公務員に適用される人事院規則においても、２０１７年より、セクハラ防止項目に「性的指向若しくは性自認に関する偏見に基づく言動」が追加されるなど、理解増進から制度設計に至るまで、次々に対応が進んでいる状況です。

この章のポイント！

☑セクシュアリティとは「性のあり方」

☑セクシュアリティの構成要素は３つ
①身体性……からだの性
②性同一性（性自認）……こころの性
③性的指向……好きになる性

☑LGBTとは、性的マイノリティの総称のひとつ
レズビアン、ゲイ、バイセクシュアル、
トランスジェンダーの英単語の頭文字からなる

☑SOGIとは、あらゆる性を表す言葉
Sexual Orientation & Gender Identityの略

☑好きになる性は、異性に限らず多様にある
異性愛、同性愛、両性愛など人それぞれ

☑こころの性とからだの性は同じとは限らない
一致する人をシスジェンダー、一致せず
違和を抱える人をトランスジェンダーという

☑LGBT・性的マイノリティは人口の約8%
実は身近な存在、国内では1000万人近くにのぼる

☑特別扱いではなく、正しい理解が望まれる
誤解や偏見から、日常生活にストレスを抱える

☑日本は、多様なセクシュアリティに寛容な国
世界の歴史と比べても、寛容な歴史変遷がある

第2章

企業とLGBT

1 企業にとってのダイバーシティとは

人権意識としてのダイバーシティ

ダイバーシティに対する意識の高まりや、その実践は、世界的に見れば、決して最近のことではありません。1950年代後半から1960年代前半、アメリカの公民権運動にまでさかのぼります。

当時から「人種のるつぼ」と言われていたアメリカの職場環境は、多くの人種、民族、宗教の集まりでもありました。こうした職場環境において、雇用上の差別是正が強く意識されるようになり、「公民権法」や「雇用機会均等法」が整備されるようになったことに端を発し、企業は訴訟回避のために人種や性差に偏りのない人材採用と活用に努力したのです。取り組まないことは訴訟リスクを抱えることでもあり、70年代から80年代にかけ、広く「ダイバーシティ・マネジメント」が謳われるようになりました。

人種問題を筆頭に、性別や価値観、宗教の違いを理解し合うことが必要不可欠となり、

CSR（企業の社会的責任）として捉える流れが90年代には当たり前になりました。企業にとってダイバーシティ推進は、経営上のリスクマネジメントとして重要なテーマと認識されると同時に、違いを価値化し、企業間競争の優位に立つことをメリットと認識するように変化していきました。

一方、日本において「ダイバーシティ」という言葉は、「女性活躍推進」の話と捉えられることが少なくありません。これは日本特有の歴史的背景による特殊な捉えられ方でもあり、グローバルな捉え方としての「ダイバーシティ」の本質にたどりつくための過程であるとも言えます。

日本はそもそも、人種、民族、宗教などの多様性がアメリカとは異なる環境にあり、グローバル化に至るまでの社会運動の中心は「女性活躍」を中心とした取り組みが進んできました。さかのぼれば、第二次世界大戦後、婦人参政権の付与や労働基準法の制定など、女性の社会進出への道が拓けることから始まります。戦前からの慣習であった「男性は社会における重要な労働力、女性は家庭を守る良妻賢母」というジェンダーロールが変化していく第一歩を迎えることになります。

実際には、1950年代後半に迎えた高度経済成長期の当初は「労働力を支える男性と、家事と育児を支える女性」という分業体制こそが、その成長を加速させていたとも言われるような状況にありましたが、経済が成長すればするほどに労働力不足が進み、女性が労働市場へと進出する流れが促進されていきます。1970年代には女性雇用者は1000万人を超すほどになりました。

世界ではその頃、1975年に「国際婦人年世界会議」の開催、1979年の国連における「女子に対するあらゆる形態の差別の撤廃に関する条約」の採択などが進み、日本も翌年に署名するなど、女性の社会進出も顕著になってきました。国内の法制整備も進み始め、1985年には「男女雇用機会均等法」が制定され、福利厚生、退職や解雇等についての差別禁止が明確化されました。

一方、採用や処遇などの差別禁止に関しては法的拘束力がなく、女性活躍推進は平等な状況には至っていない実態でした。その後、1994年に男女共同参画審議会が設置され、1999年には「男女共同参画社会基本法」が施行されました。これを機に、その後の日本では男女共同参画への計画が着実に進められるようになっています。

このように、日本においては、いまだ男女という性差の役割論における課題解消に向けた動きに対応している最中であることを背景に、アメリカとは異なる「ダイバーシティ」の捉え方が主流となっています。

企業意識としてのダイバーシティ

人権意識として捉えがちな「ダイバーシティ」ですが、そもそもダイバーシティの本質とは何なのでしょうか？　ダイバーシティ［diversity］の語源は、ラテン語に由来しており、「di（dis）；離れて」＋「vers（L.vertere）；向く、方向転換する」＋「ity；こと、状態」と分解できます。

図にすると分かりやすいのですが（図表2－1）、別々の方向に散らばっている様や状態と認識することができます。つまり企業や組織においての「多様性」とは、ひとつの傘（価値観）の下に、多種多様な方向を向く人材が、各々の強みを目指し、組織を拡大していく様として捉えることができます。

一方、矢印を逆にして見るとどうでしょうか？　ひとつの傘の下に、皆が結集し、組織力

図表 2-1　diverse を図にしてみると……

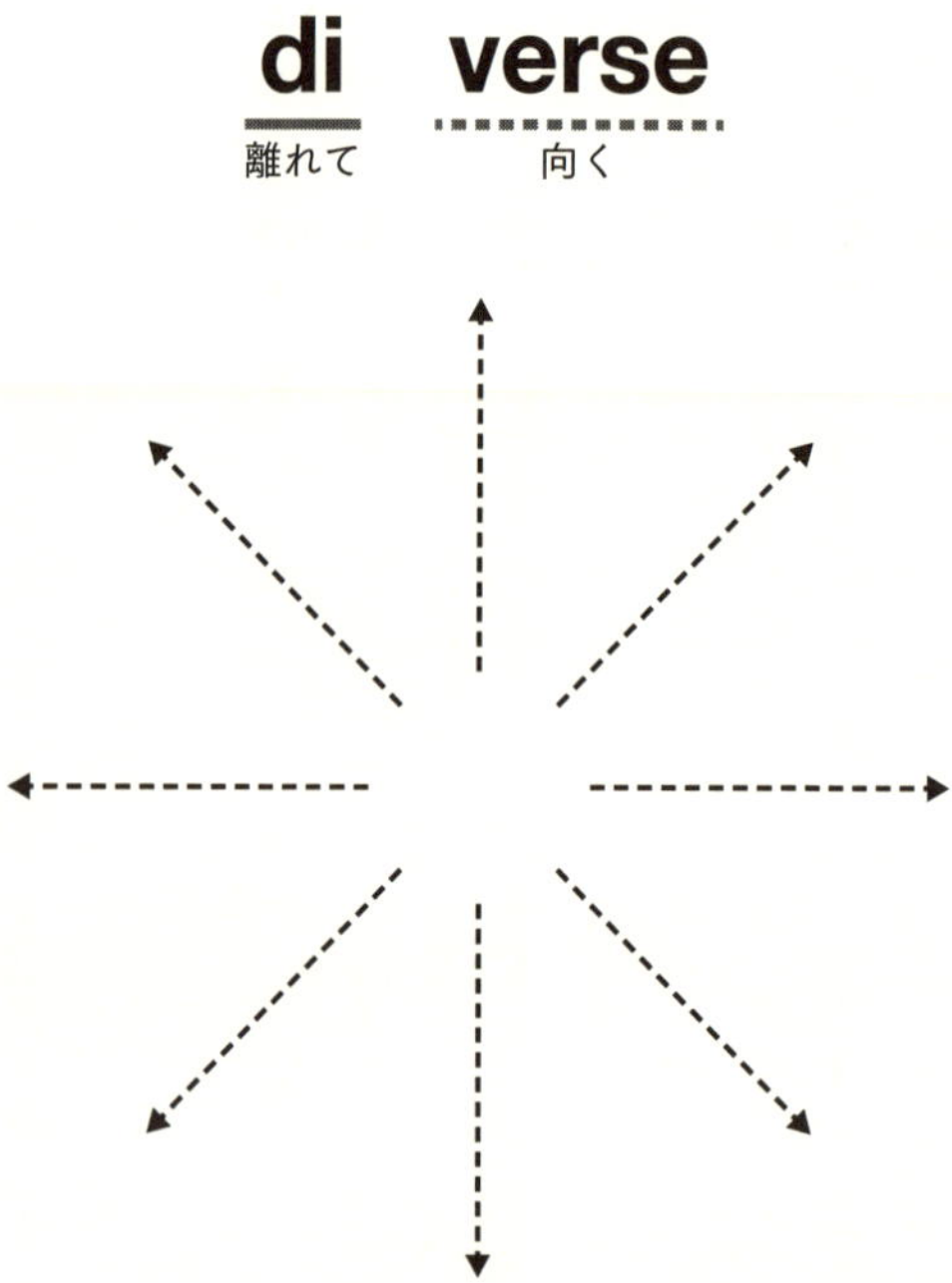

を高めている様として捉えることができます（図表2－2）。これを言葉にするならば、「結集」「凝集」と表現すべきなのか分かりませんが、ひとつに統一される様は宇宙（universe）とも言えるでしょう。どちらも、企業組織の運営である経営の視点で見れば、とても重要な方向性と捉えることができます。

人権意識として捉えると「ダイバーシティ」こそが、非常に重要でポジティブなものに捉えられるのですが、経営視点でみると、diverseもuniverseの方向性も非常に重要なものと言えます。先述の歴史に当てはめてみると、実は、日本の高度経済成長は、diverseと逆のuniverseで、国内企業は大きく成長したとも言えます。多様な価値観ではなく、ひとつの強い価値観に向かって一致団結し、企業を強い組織へと成長させてきたと考えられます。

ユニバーサル主義で、組織の結束や規律を強め、巨大組織（＝大企業）の組成を図ってきたのがこれまでの社会でした。一方、これからの社会では、ダイバーシティ＆インクルージョンと言われ、組織の価値の幅を多様化し、従来発見できなかった新たな価値を創造していく「イノベーション創発」を促していくことが重要と謳われているのです。

これは、企業経営において、経営者の舵取りに委ねられるもので、どちらが正しいという

図表 2-2　universe を図にしてみると……

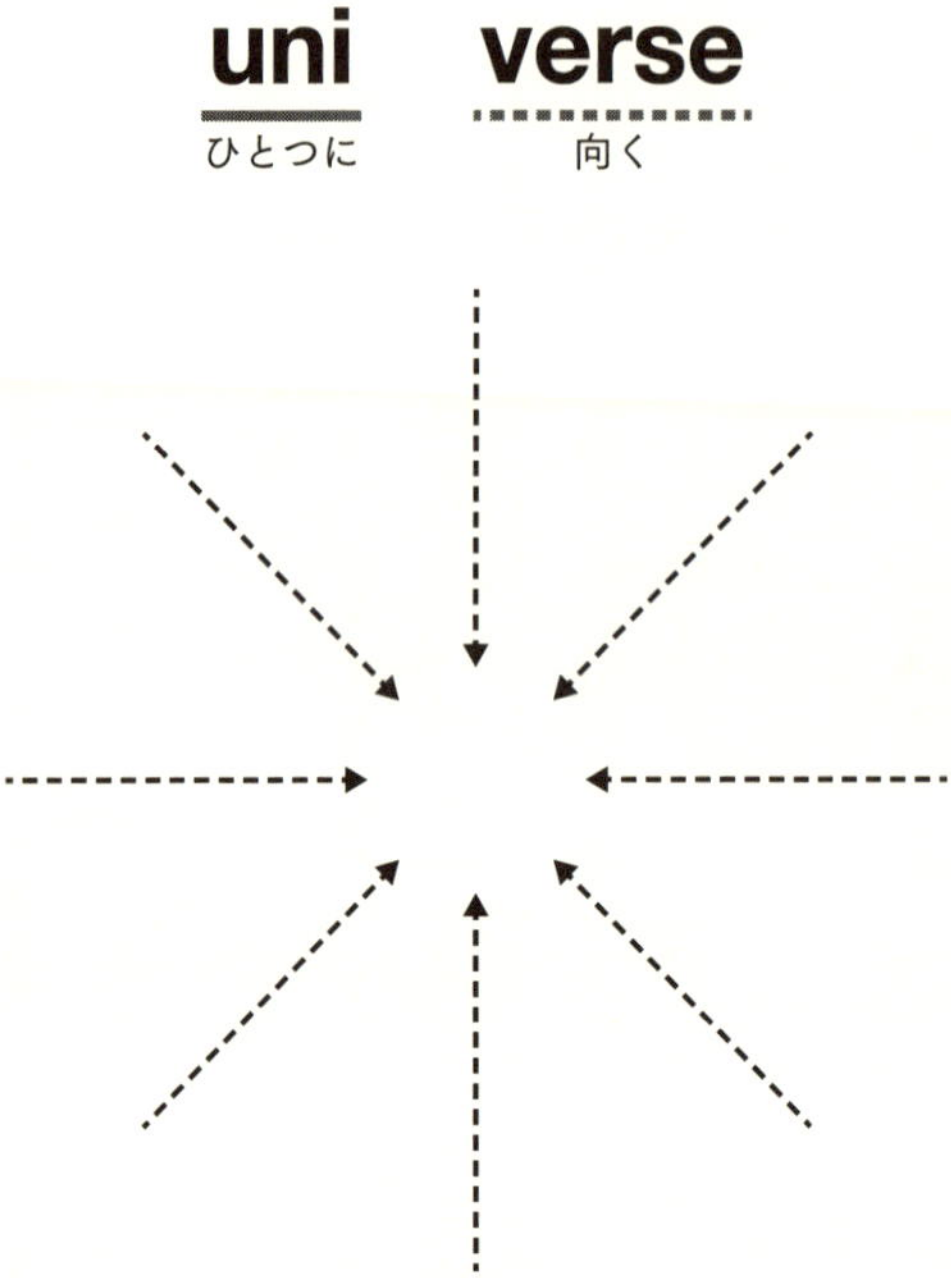

ものではありません。組織の結束力が弱い時には、価値観の統一による強化を図るuniverseの視点が重要であり、組織の柔軟性が不足した時には、価値観の多様化を図るdiverseの視点が重要であると言えるでしょう。

ダイバーシティが企業に必要な理由

「ダイバーシティ」を人権視点と経営視点の２つで捉えてみましたが、企業はなぜ、今、ダイバーシティ＆インクルージョンに向き合うべきと言われるのでしょうか。人権意識や社会的責任として捉えるだけではなく、重要な経営課題として捉える企業が増えている理由を探るために、市場における経済モデルの変化を知る必要があります。

まず企業活動がグローバル化していることが挙げられます。１９９０年代以降にインターネットが普及したことを契機に、グローバル化が急速に進みました。これにより、企業が抱える労働資源、つまりは人材が多様化してきたのです。同時に、企業が提供する価値である商品やサービスにもグローバル化が訪れ、その提供価値の多様化が求められています。

これは企業にとって顧客である生活者が多様化してくることで、ニーズもそれだけ多様化してくることから起きます。グローバル化は、こうした労働資源と提供価値、つまりは企業の社内と社外に対して大きな多様化を引き起こすことになったのです。

ふたつめは超スマート社会・Society5.0の到来です。通信技術の高速化や大容量化は飛躍的に進み、メディア環境、デバイスの多様化、ネットワークの高度化、ビッグデータ解析やAIの発展、IoTと我々の生活環境は大きく変化しています。

1995年に「科学技術基本法」を政府が制定して以来、「科学技術基本計画」を進めてきていますが、2016年1月に第5期基本計画が閣議決定されました。その中で、ICTの活用、ベンチャー企業への積極的な支援、超スマート社会の実現が推進されるものとされ、2016年～2020年度にかけて約26兆円もの研究開発が進められているのです。

「必要なもの・サービスを、必要な人に、必要な時に、必要なだけ提供し、社会のさまざまなニーズにきめ細かに対応でき、あらゆる人が質の高いサービスを受けられ、年齢、性別、地域、言語といったさまざまな違いを乗り越え、活き活きと快適に暮らすことのできる社会」と内閣府の資料では定義されていますが、成熟市場と言われる国内市場において、多様化こそが、更なる革新＝イノベーションを創発すると考えられています。

みっつめは少子高齢化が進み、同時に「人生100年時代」が到来するということが挙げられます。最新の国勢調査では、2015年の日本の総人口は1億2709万人、生産年齢人口は7629万人、国立社会保障・人口問題研究所の将来推計によると、2030年に総人口は1億2000万人を割り、2053年には1億人を割るとしています。こうした少子高齢化を背景に、年齢を問わない人材活用が求められるようになっています。

また、英国ロンドンビジネススクール教授のリンダ・グラットン氏の著書『LIFE SHIFT』の中で「人生100年時代」という言葉が提言されました。従来のライフステージ・ライフコースの見直しが謳われています。特に、日本は健康寿命が世界一の長寿社会とWHOの報告にもあるように、超長寿社会へと変化していく中、どのように活力をもって時代を生き抜いていくか、またそのための経済・社会システムを整備検討せねばならないとされています。

こうした状況を背景に、2017年9月、政府は「人生100年時代構想推進室」を設置。今後4年間の実行すべき政策のグランドデザインを検討する構想会議を重ねています。

このような社会変化を背景に、経済の持続的成長を実現するためには、多様な人材の確保と活用こそが、経済社会全体の生産性を向上させていくものであり、そのためにも、企業は社内、社外に向けたダイバーシティ＆インクルージョンの意識向上が求められているのです。こうしたダイバーシティ推進のゴールは、一体どこにあるのでしょうか。

目標とすべきゴールは2つあります。ひとつは労働資源の確保と維持、もうひとつはイノベーション創発です。労働資源の確保と維持については、既に述べた通りですが、イノベーション創発とは一体何なのでしょうか。

日本では「イノベーション」は「技術革新」と訳されることが多いのですが、経済学者のヨーゼフ・シュンペーターは「異なる新たな結合がイノベーションを生む」と提起しています。既存の価値とは異なる、全く新しい価値を生み出すことこそがイノベーション創発であり、これは容易に生むことはできません。シュンペーターは『経済発展の理論』の中で「非連続的な変化」と表現しており、既存の成功手法を繰り返しても産み出せるものではないとしています。イノベーションを創発するには、常に変化に対して寛容であることが重要であり、多様な価値観を包摂することが重要であると言えます。このようなイノベーションを起こす組織や企業とは、多様性に富んだ組織であり、変化の機会を捉えることができる組織なのです。だからこそ、ダイバーシティ推進により、組織を構成する労働力を同質化させず、異なる主観を積極的に結合させる環境を作ることが、今、求められているのです。

2 企業にとってのLGBTの存在

社内外に存在しているLGBT

「うちの会社にはLGBTの方はいないので」「弊社はLGBTとあまり関わりがない」といった声をよく耳にします。目に見えないアイデンティティだからこそ、その存在に気がつかない人々が多いのですが、実際には気がついていないだけなのです。

企業にとって、LGBTは従業員、取引先、お客様、株主などあらゆるステークホルダーに存在しています。前述の通り、企業のダイバーシティ推進の目的として、労働資源の確保と維持およびイノベーション創発を挙げましたが、LGBTは社内と社外の両面で向き合うべき対象になります。

気がつかずに社内で接しているであろうＬＧＢＴの従業員も重要な労働資源です。自社にも当然ＬＧＢＴの従業員が存在していると認識し、ＬＧＢＴ以外の多数の従業員と同様に尊重するべきです。「人が財産」と謳う企業は非常に多いのですが、ＬＧＢＴの存在を認めない会社に対し、ＬＧＢＴの従業員は貢献したいと思うでしょうか。そんなはずはありません。社内に存在しているＬＧＢＴとどう向き合うかを意識する必要があるのです。

同様に、社内だけではなく、社外にもＬＧＢＴは存在しています。ＢtoＣ企業であれば顧客となる消費者です。ＢtoＢ企業であれば取引先企業の担当者がそうかもしれません。ある国内企業では株主総会で、株主から指摘を受けたというケースもありました。当然ながらＬＧＢＴに対する正しい知識や理解を持っていないと、ビジネスとしてのリテラシーも問われることになりかねません。

グローバルにビジネスを展開する企業であればなおさらです。海外企業では、性別、年齢、人種、国籍などの差別を禁止していない企業とは取引をしないという企業が多く存在しているのと同様に、多様なセクシュアリティに対する理解もビジネスリレーションシップにおいて問われるもののひとつです。「知らなかった」では済まされないと認識しておく必要があります。

リスクヘッジとしてのLGBT対応

ビジネス環境において、LGBTと向き合うことは重要なリスクヘッジとなります。社内外に存在するLGBTを正しく理解することで、人事戦略上のリスクと営業戦略上のリスクを低減することができるのです。人事戦略上のリスクとは、重要な労働資源の確保と維持に関連します。

既に述べた通り、LGBTはどの企業内にも従業員として存在しています。LGBTに対する職場内の待遇環境状況は、LGBT従業員の生産性や離職率などに大きく影響を及ぼします。LGBTに対する理解が乏しい職場環境であると、意図せず発言される会話などから、LGBT当事者は大きく傷つき、その生産性を低下させてしまうことになります。最悪の場合は離職に至るケースも珍しくありません。

困ったことに、こうした理由で離職した従業員がカミングアウトしていないLGBTの場合、その理由が企業側に伝えられることはありません。企業は改善策を講じることすらなく、重要な労働資源を手離し続けることになっていくのです。ただでさえ、厳しい競争環境にさらされている国内市場で、LGBTに理解がない職場環境がゆえに、重要な労働資源の生産性が低下するのは大きなリスクでしょう。

また労働力の確保にも大きく関連します。昨今のダイバーシティ&インクルージョンに対する意識が高まっている中、就職活動に励む学生も「LGBT」に注目しています。これまでダイバーシティ&インクルージョンに取り組む企業の訴求は女性活躍を中心に進んできました。多くの企業が女性従業員の割合を提示したり、管理職登用の比率を公開したり、社内制度で産休・育休を含めた、女性に対する職場内環境の平等化を提示してきました。しかし、多くの企業が、こうした取り組みを熱心に進め、学生からすると差別化が難しい状況になっています。

そのため、企業説明会などでの質疑応答でも、女性としての働き方にとどまる質問ではなく、「御社のLGBT対応はどうなっていますか?」という質問にまで発展しています。LGBTはダイバーシティ&インクルージョン推進の象徴的対象となってきたのです。目に見えるアイデンティティへの対応だけではなく、目に見えないアイデンティティも尊重する企業か否かを、「LGBT」というセグメントへの対応をどうしているのかから知ろうとしているのです。

これはダイバーシティ&インクルージョンの本質であり、異なるものをどの程度、尊重し包摂できる企業なのかを知る尺度としてLGBTがホットなトピックとなってきたということです。少子高齢化、グローバル化の影響により、新卒採用に限らず、転職人材を含めても、国内の労働資源の確保はますます厳しい状況になっている中、「LGBTを知らなかった」「LGBT対応には特に取り組んでいない」ということが、人材確保の競争において、大きく出遅れるということもやはり、企業にとっては大きなリスクとなるのです。

社内リスクだけではなく、社外においてもLGBT非対応のリスクは存在しています。理解増進が進んでいない企業が発信するセクシュアリティに関する表現に対し、当事者が傷ついたとして批判が殺到し、炎上に至るというケースも増加しています。

ある企業が同性同士のスキンシップを罰ゲームとした広告キャンペーン動画を展開したところ、「同性間のスキンシップが恥ずかしいこととして取り上げており、多様なセクシュアリティへの配慮を、コーポレートガバナンスで謳っている企業の広告表現とは思えない」といった当事者の指摘が入り、すぐに炎上、その企業はキャンペーン動画の掲載中止に追い込まれるという事象が起きました。

広告に限らず、TV局の番組内の表現においても同様の炎上事案が発生したりしています。番組内で起用されたキャラクターの名前や、異性装をしているキャラクターに対するタレントの発言が「多様性を包摂すべきこの現代社会において、相応しい表現とは思えない」と、LGBTの当事者団体が中心となって、局に対して抗議声明を発信。多くの署名を集め謝罪を要求するという事態に至りました。

このように、ダイバーシティ社会においては「知らなかった」では済まされないという社会環境であるという認識が必要であり、知らないことはリスクとなり得ることを十分に認識しておく必要があるのです。

特にBtoC企業においては、消費者に対するコミュニケーション表現上、セクシュアリティに対する正しい理解と、最大限の配慮が必要になります。「これまで炎上してこなかった」というのは、LGBT当事者が抑圧されていたがゆえに声を上げてこなかっただけに過ぎず、時代の変化と共に、LGBTは社会に顕在化し始め、その声が聞こえるようになってきているのです。

また提供するサービスや商品においても、多様なセクシュアリティへの正しい理解があるかが重要です。従来の価値観では、男女二元論でサービスや商品が設計されてきていますが、生活者の多様化からニーズも多様化しているという認識に適応していかねばなりません。意図せずに男女の二つに区切っていることによって、多様なセクシュアリティに対する配慮がないと判断されるケースもあります。

直接的な批判や炎上などがなくても、そうした企業のサービスや商品は選ばない、といった消費者側が判断する時代です。LGBT総合研究所の調査によると「LGBTに対する理解や取り組みを行う企業の消費・サービスを利用して見たいか」と言う質問に対し、「価格や内容に関わらず利用したいと思う」「価格や内容が他社と同等であれば利用したいと思う」と回答したLGBTは60・9％、LGBT以外でも53・4％と、半数以上にものぼります（図表2−3）。

図表 2-3　LGBT 対応企業に対する受け止め方

Q. あなたは、LGBTに対する理解や取り組みを行う企業の商品・サービスを利用してみたいと思いますか。

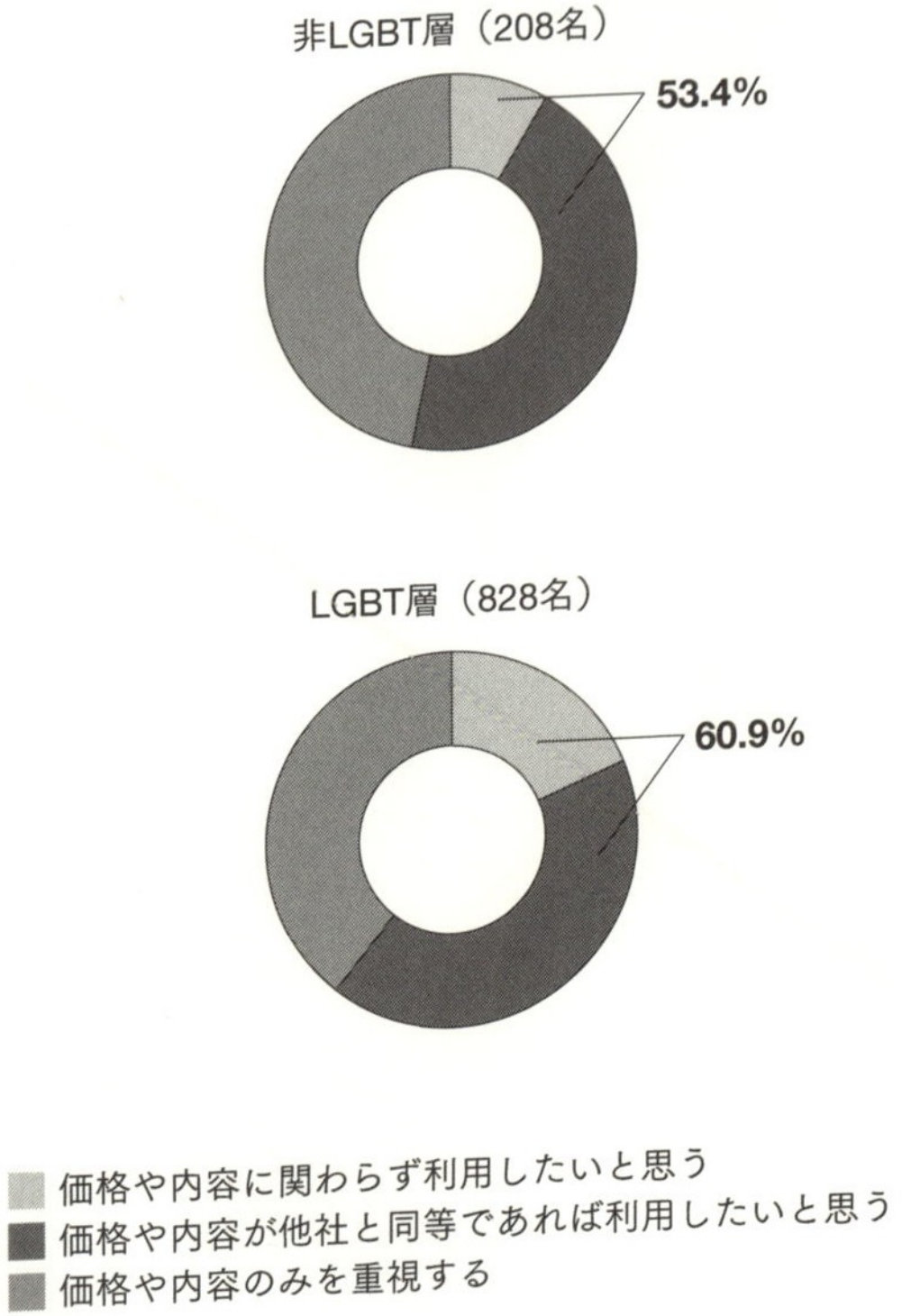

［出所］「LGBT 意識行動調査 2016」
全国 20～59 歳、LGBT 層：828ss、非 LGBT 層：208ss、2016/05/19-21

マーケティングチャンスとしてのLGBT対応

リスクヘッジとしてのLGBT対応の必要性を述べてきましたが、裏を返せば、取り組むことはチャンスとも言えます。LGBTに向き合うことで、具体的にどのようなメリットがあるのでしょうか。

国内のLGBTは約800万人と推計されます。またLGBTに限らず、その他の性的マイノリティを含めると1000万人近くが該当していると推計されます。マーケットとして見るには十分大きな規模でしょう。国内市場だけではありません。LGBT Capital（英）によると、世界のLGBT人口規模は4億5000万人、その消費規模は3・7兆ドル、約400兆円近くにのぼると推計されています。同調査報告によると、日本のLGBTの消費規模は約2000億ドル、22兆円と推計されています。性的マイノリティと言われるLGBTですが、マーケットとして捉えると、決してマイノリティではなく非常に大きな魅力がある規模でしょう。

しかしながら、LGBTと向き合うマーケティング活動を展開しようとする場合、よく分からないのにターゲットにするというほど、失礼なことはありません。社内外の両面で

ＬＧＢＴに対して真摯に向き合っている企業であれば、ＬＧＢＴは「自分たちに向き合って、自分たちに向いたサービスや商品を提供してくれている」「自分たちのことをよく分かっているね」と支持を得ることができ、結果として収益確保につなげることができるでしょう。一方で、向き合う姿勢が社内外にない企業、つまりは社員のＬＧＢＴ理解に無関心な企業や、広告表現で無理解を露呈している企業に対しては、「自分たちを理解しようともせず、企業活動の食い物として見ている」と反感を買い、炎上や不買運動へとつながってしまう結果に終わります。正しい理解促進と、寄り添うコミュニケーションが必要になるのは言うまでもありません。

また消費に関する意識行動も特徴的です。ＬＧＢＴの特徴は大きく3つあります。ひとつは高い消費力を持っていること。子育てや出産が当たり前という非ＬＧＢＴのライフステージとは異なるライフスタイルであり、自身の生活を豊かにするための自己投資型の消費に貪欲な傾向があります（図表2－4）。ふたつめは、高い情報感度であること。ネットリテラシーが高く、主要なＳＮＳにおいて閲覧率や投稿率が、ＬＧＢＴは非ＬＧＢＴの2倍以上という高い情報感度を示しています（図表2－5）。また、イノベーター気質であり、新しい

図表 2-4　LGBT の消費世帯別の年間支出額（アメリカ）

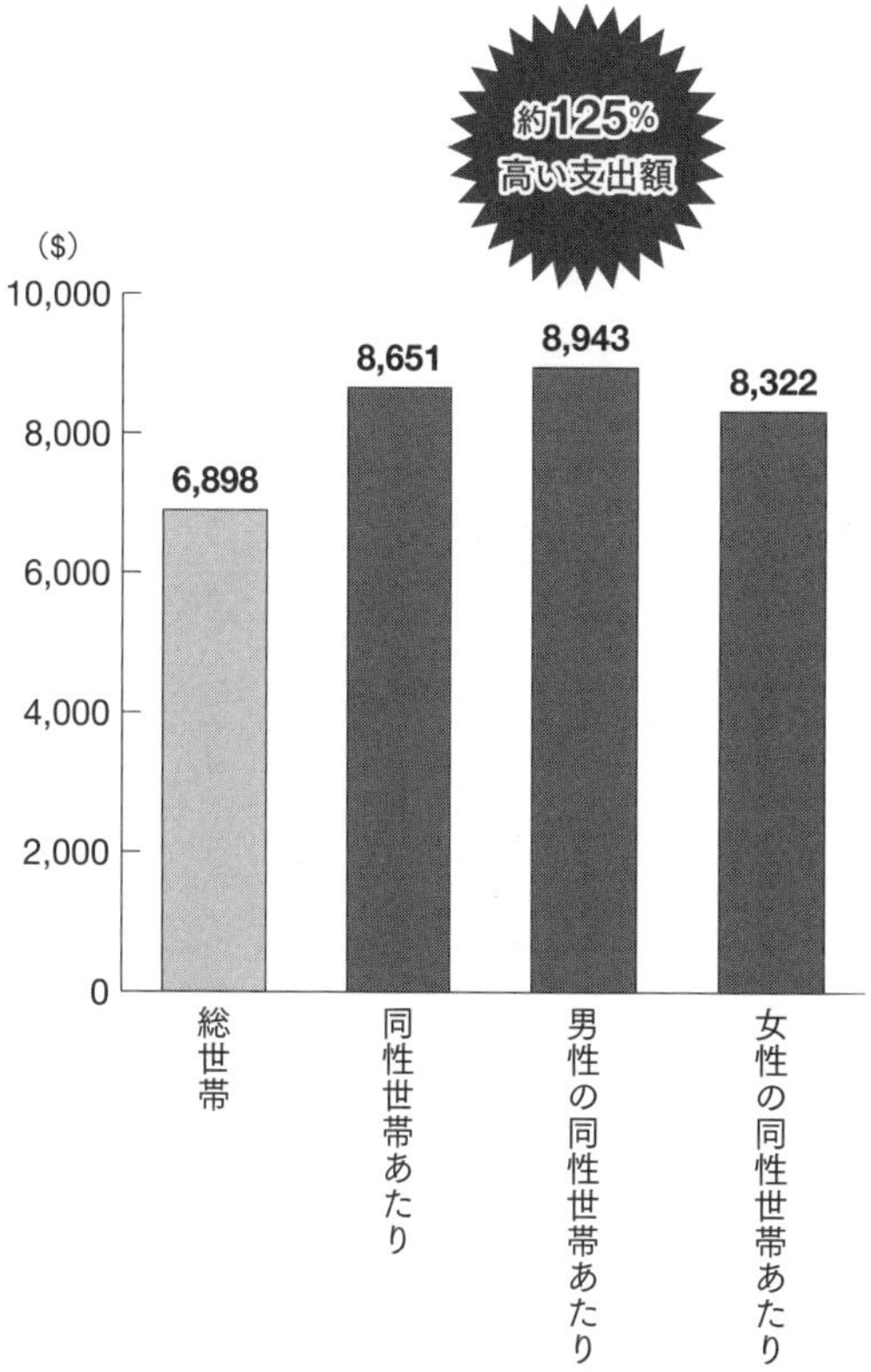

［出所］Nielsen, 52weeks Ending 6/30/12

図表 2-5　LGBT の情報感度
主要SNSの閲覧率と投稿率

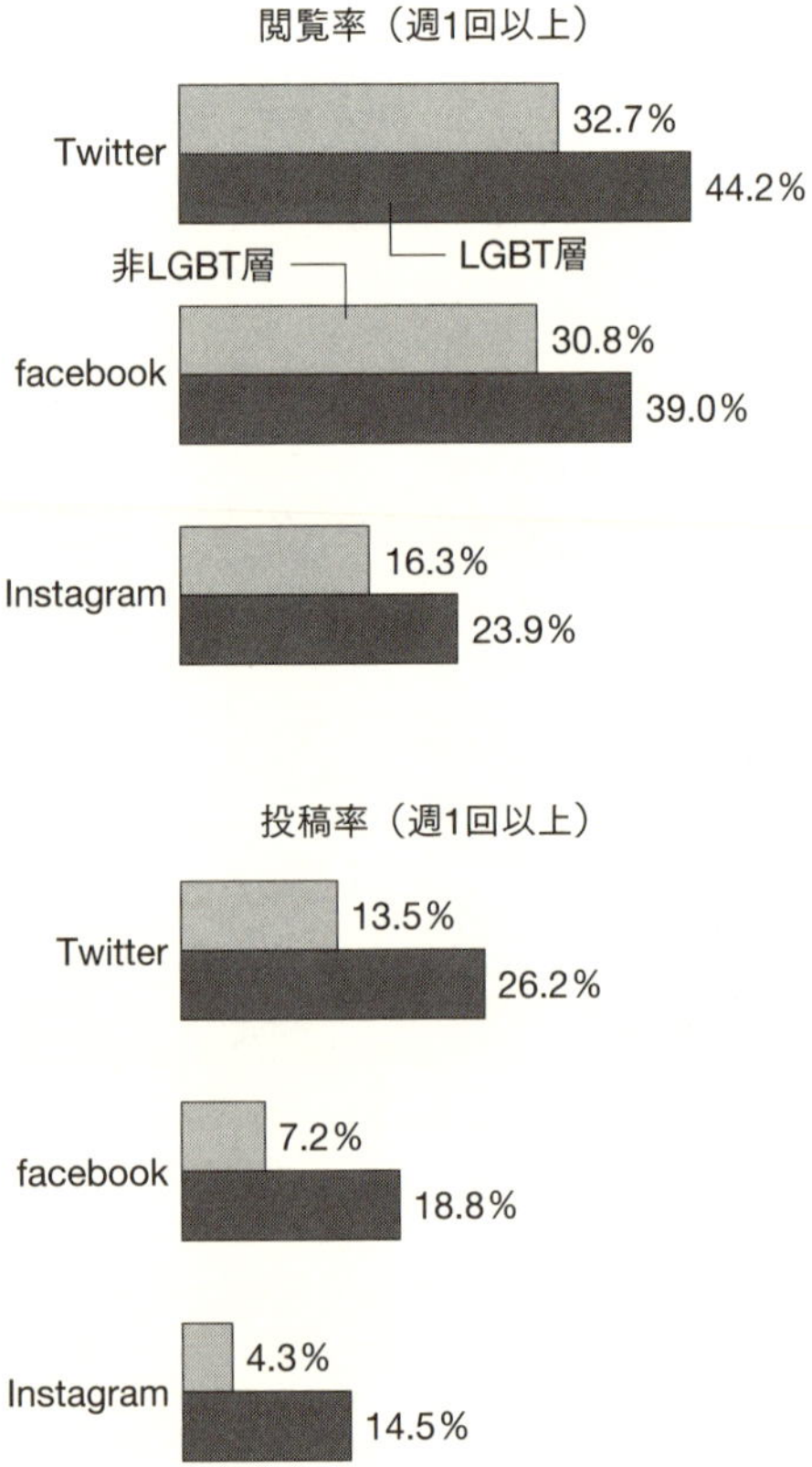

［出所］「LGBT 意識行動調査 2016」
全国 20〜59 歳、LGBT 層：828ss, 非 LGBT 層：208ss,2016/05/19-21

商品やサービスに対するトライアル傾向が高く、トレンドセッターとしての気質を示しています（図表2－6）。これらのことから、LGBTは市場におけるイノベーター層であると言及でき、モノの普及において初期市場の牽引者として捉えたり、初期市場からメインストリーム市場に移行する際のキャズムを越えるためのジェネレーターとなる優良顧客となり得る特性を持った生活者と捉えることができます（図表2－7）。こうした生活者をいち早く捉えることは、企業の新商品やサービスの展開において、大きな普及の原動力となることから、LGBT対応で彼らの心をつかむことは、マーケティングチャンスと言えるのです。

単純にターゲットとして見るだけが、マーケティング上のメリットなのではありません。多様性推進のゴールであるイノベーション創発につながることも魅力的な点です。従来のマーケティングの多くは性年代をセグメンテーションの切り口としており、企業のサービスや商品の多くは男女二元論で設計されていることが基本となっていました。しかしこれだけ市場が成熟し、新たな価値発見や価値創造が困難な中、セクシュアリティという切り口で、従来の商品やサービスを見直すことで、これまで気がつかなかった価値を発見したり、新たな価値を構築することが可能になるのです。

図表2-6　LGBTはイノベーター気質

〈新しいものを取り入れるのが早いほう〉

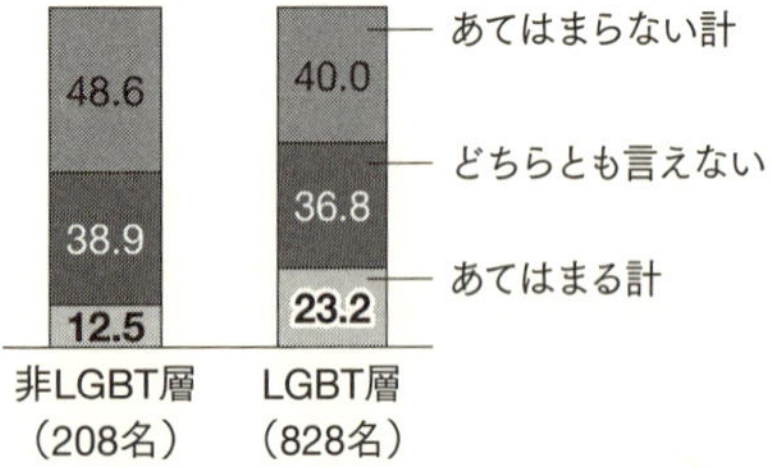

〈話題の新製品やサービスは、すぐ試してみる〉

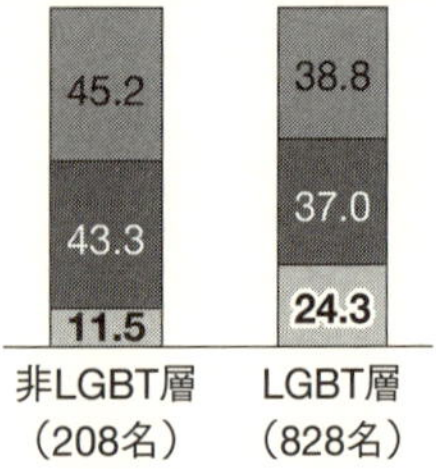

〈情報収集には熱心なほう〉

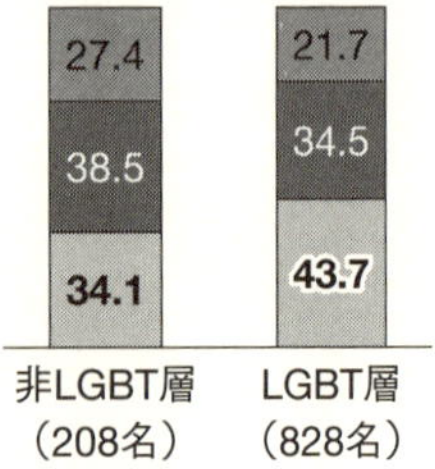

［出所］「LGBT 意識行動調査 2016」
全国 20〜59 歳、LGBT 層：828ss, 非 LGBT 層：208ss,2016/05/19-21

図表2-7　イノベーター理論

LGBTはイノベーター理論における
初期市場に最適な気質

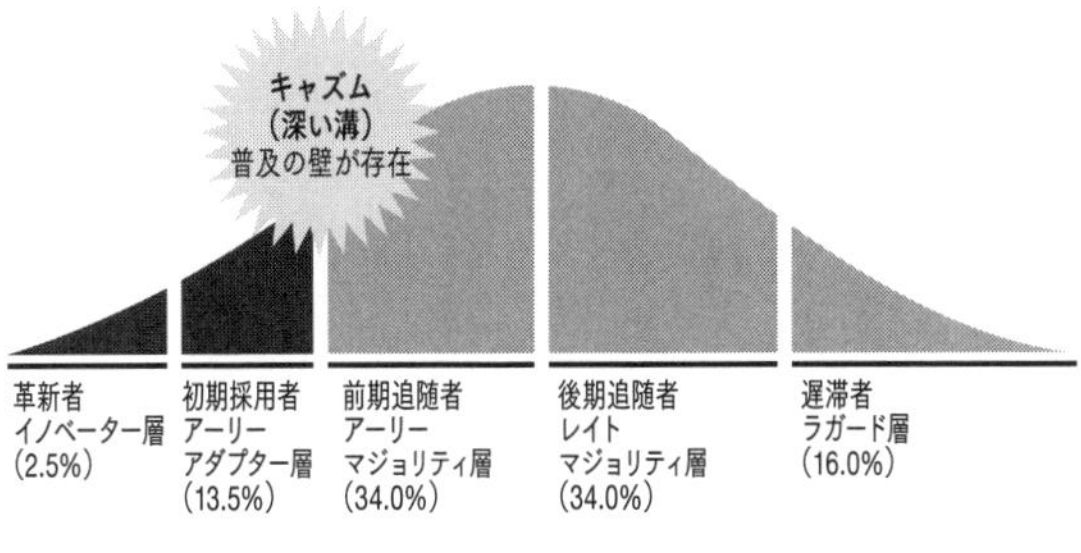

ＬＧＢＴの感性に注目することで、男性、女性という視点だけではなく、新たな視点から商品開発やサービス向上などを実現し、差別化が困難な競争市場において、イノベーション創発企業として、新たな収益創造を実現し、ビジネスの拡大につなげることが可能になるのです。

3 イノベーションとＬＧＢＴ

イノベーションを実現するための組織づくり

企業がＬＧＢＴと向き合うことで、イノベーションを創発することができると述べましたが、それはなぜでしょうか。もう少し深く考えていきたいと思います。アメリカの都市社会学者であるリチャード・フロリダ氏の『新クリエイティブ資本論』では、都市の活性化や発展に重要なものは、経済を成長させるクリエイティビティと、新たな社会階層であるクリエイティブ・クラスの人たちだと述べられています。

このクリエイティブ・クラスの人たちは、寛容で多様性があり、質が高い人生経験を重ねており、自身のクリエイティビティが発揮でき、また同じ階層の人たちが集まる場所に行く傾向があると言います。知識主導型のイノベーション経済では、こうしたクラスの人々が集まることによって、相乗効果が生まれ、集積により生産性が高まり、その都市は大きな発展を遂げるとされています。こうした都市の形成には、「３つのT」が必要だと言われています。「Technology; 技術」「Talent; 才能ある人材」「Tolerance; 寛容さ」であり、中でも「寛容さ」が特に重要だと言われています。多様性に寛容な場や、未知の存在に寛容な場を作ることで、そこにはクリエイティブ・クラスが集まり、３つのTに加えて「Territory; 縄張り」の質が高い領域を確保することにより、彼らのクリエイティビティはより発揮されやすくなると言われています。こうした都市の経済は大きく発展し、解放と多様性に満ちた社会を実現できるというものです。これは都市について論じられていますが、企業組織にも同様に置き換えられるものです。

従来のユニバーサル社会では、凝集性による強い絆を構築し、組織＝企業は巨大化してきました。しかし、こうした企業群が経済を成熟させてきた一方で、持続可能な社会や、新たな価値創造が困難な社会へと変容してきています。これに対し、これからの社会は、多様性

図表 2-8　クリエイティブ資本論

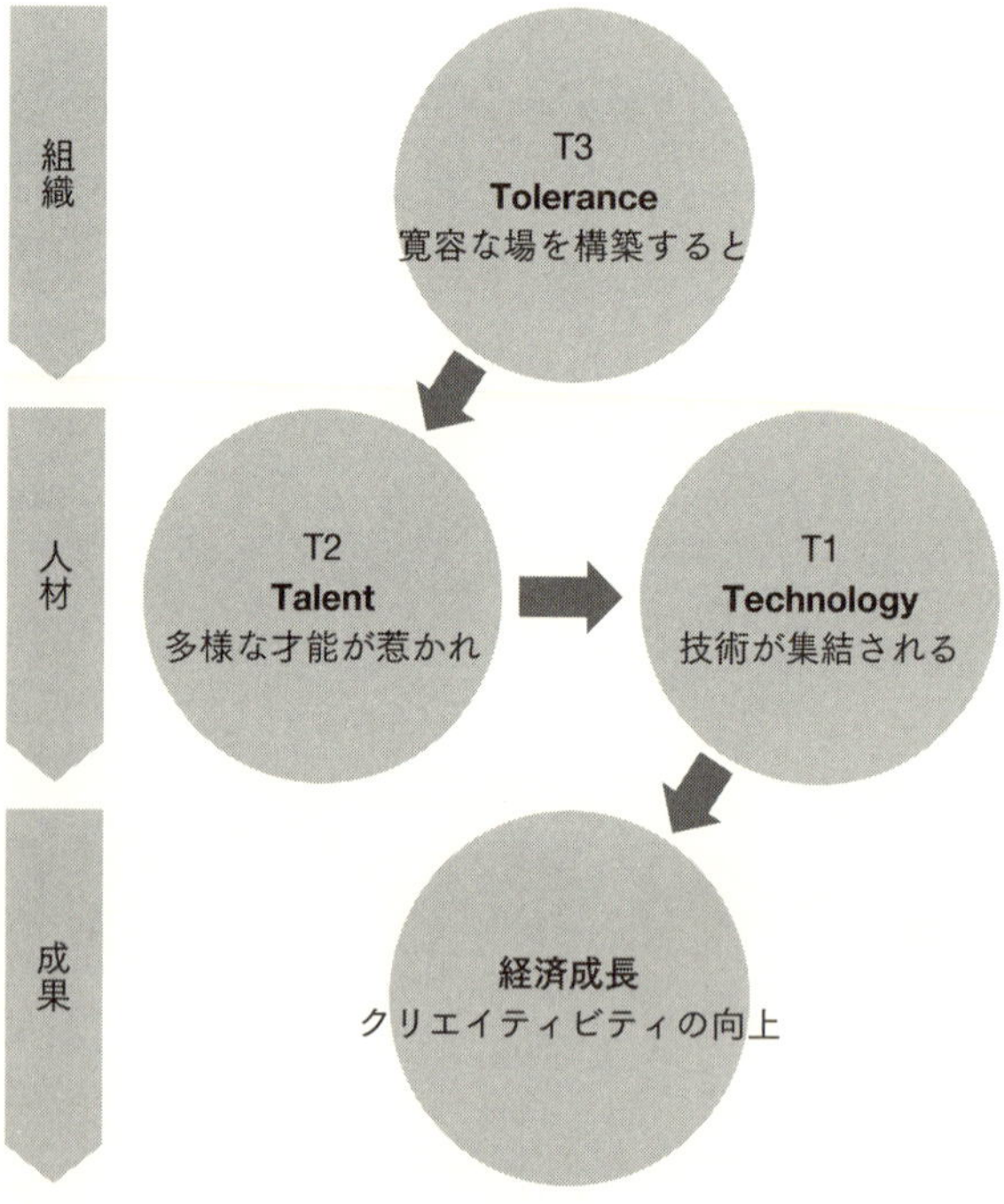

をいかに集約し、新たな価値創造を実現していくかが求められています。そうした時、組織＝企業は多様なものに対する「寛容性」を持つことで、多様な人材、すなわち「才能」を惹きつけることができます。様々な「才能」を持つ人が集まり、彼らのクリエイティビティの相乗効果によって、その組織は、多様な「技術」や新たな「技術」が集積されていきます。その成果として組織の経済効果は最大化され、大きなイノベーション創発を実現したと言えるでしょう（図表２－８）。この論理の中で多様な「才能」のひとつこそがＬＧＢＴなのです。

ＬＧＢＴというイノベーター

ＬＧＢＴは、イノベーションを創発する「才能」と述べました。そもそもイノベーションは一人の頭脳から生まれるものではありません。全く異質でクリエイティビティ溢れる人々が、互いの主観をぶつけ合うことから創発されるものなのです。

しかし、多くの組織は、同質化に向かいがちで、過去の成功体験が重要視されます。こうした方向性と真逆に進むことこそが、イノベーションを創発する鍵となるのです。その際、組織が新発想体質に向かうために重要なのが「寛容性」です。

LGBTは、これまで日本国内では顕在化しておらず、未知なる存在であり、傾奇者、アウトロー、アンダーグラウンドという誤解や偏見に直面していました。しかし、これは組織にとってもチャンスであり、マジョリティの価値観を打破するためにも、受け入れるべき存在であると言えます。組織にとって、イノベーションを起こす「才能」となるのは、どんな人たちでしょうか。組織にとって受け入れるべき人は「未知の人」「無知の人」「ガチの人」だと私は考えます。

「未知の人」とは、その組織にとって未知で、いまだ保有していない才能・能力を保有する人のことを指します。「無知の人」とは、その組織に関して知識があまりなく、その組織の常識に捉われない人のことを指します。「ガチの人」とは、品のいい言葉ではありませんが、信念が強く、組織に馴染みにくい人を指します。こうした人々こそが、企業組織にとって、従来の価値観に捉われることなく、独創性と創造力を発揮して、組織を変革し、強い情熱でイノベーションを生み出していくイノベーターなのです。

LGBTは、まさに組織からすれば「未知」の存在であり、従来の男女二元論の価値観に照らせば「無知」であり、あとは強い信念を持った「ガチ」な人材であれば、イノベーションを創発させるのに最適のイノベーターだと言えます。だからこそ、企業はＬＧＢＴに「寛容」な組織づくりを推進していく必要があるのです。

この章のポイント！

☑ **ダイバーシティの本質は「多様性の尊重」**

本来、女性活躍推進に限られた話ではない

☑ **企業にとっては経営視点で非常に重要な活動**

労働資源の確保と提供価値の多様性につながる

少子高齢化と多様化する社会への対応から重要

☑ **ダイバーシティの先に、イノベーションがある**

多様性を尊重することで、従来の価値観と異なる

新たな価値観を創造することができる

☑ **LGBT対応：企業のリスクとチャンス**

リスク：無知による炎上や人材流出の恐れ

チャンス：多様な価値観が新たな収益を生む

☑ **LGBTは魅力的な生活者**

①高い消費支出　　自己投資支出に貪欲

②高い情報感度　　情報収集・情報発信に熱心

③イノベーター気質　　新しいものを取り入れる

☑ **寛容な場こそが、イノベーションを実現できる**

LGBTは、『新クリエイティブ資本論』における

理想的なクリエイティブ・クラスと捉えられる

☑ **LGBTはイノベーション創発の源？**

「未知」「無知」「ガチ」の要素をもった存在

だからこそ、寛容な場を企業は作る必要がある

第3章

【実践】LGBTと向き合う①——ロードマップ作り

1 企業の社内対応としてのLGBT対応ステップ

LGBTと向き合うロードマップとは

LGBTとの向き合いを始める企業にとって、一番初めに悩むことは「何から始めて、どこまで対応すればいいのか」「どんなロードマップを描けばいいのか」ということでしょう。本章では、ダイバーシティ推進活動から、マーケティング推進活動までの一連の流れを3つのフェーズに分けて、取り組み施策をステップ論でお伝えいたします。

LGBTと向き合う前に最も重要な意識は「LGBTが過ごしやすい社会（職場）づくり」ではありません。「LGBTも過ごしやすい社会（職場）づくり」であることです。LGBTを特殊な人たちだと思い込んで、特別扱いとなるような施策設計は、ダイバーシティ推進の本質からかけ離れており、本末転倒です。

ダイバーシティ推進において最も重要なことは、異なるものを特別扱いするのではなく、互いを理解し合い、尊重しながら共存していくということです。重要なのは正しい知識と理解です。組織においてＬＧＢＴが当たり前に存在していると認識した上で、互いに向き合う環境を構築していくことを常に意識しましょう。

さて、早速ですが、ＬＧＢＴと企業が向き合う3つのフェーズを図にします（図表3－1）。まずは「ＬＧＢＴを正しく知る」、次に「ＬＧＢＴの目を通す」、そして「ＬＧＢＴの感性を活かす」の3つのフェーズです。この3つのフェーズは、段階的にステップを踏んで取り組む必要があり、何かを飛ばしたり、順番を変えることはお勧めしません。まずは正しい知識を理解し、その上で、当事者の視点で社内・社外の施策を見直し、改善したり、マーケティングにつなげていくという流れです。各フェーズの取り組み方は次の通りです。

① Diversity Phase（ＬＧＢＴを正しく知る）

まずはＬＧＢＴに関する知識の理解を行います。多様なセクシュアリティがあること、ＬＧＢＴとはどんな人たちなのかを職場全員が共通の理解を持つことが重要です。好き・嫌いを問うものでもなければ、受け入れる・受け入れない以前の問題で、誤解や偏見がない状況を職場に醸成していくことが目的です。どんなに企業がＬＧＢＴフレンドリーであると表

図表 3-1　企業と LGBT の向き合い方ステップ

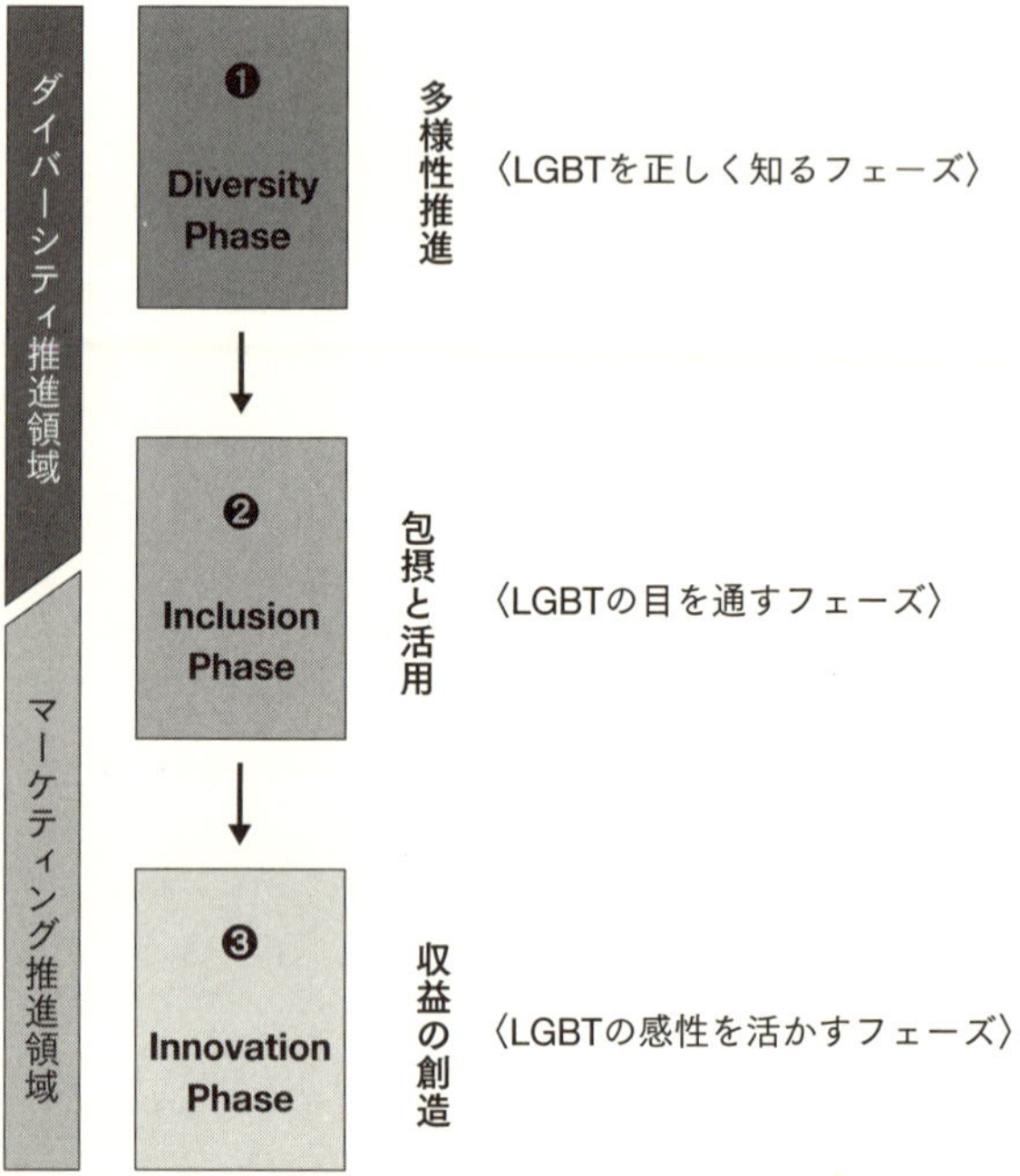

明したとしても、実際に正しい理解が浸透していないと意味がありません。従業員や顧客に正しい理解が進んでいるかどうかは、当事者から見れば一目瞭然なので、このフェーズは決して疎かにしてはいけません。逆に、このフェーズの取り組みがしっかりしていれば、その先のアクションはスムーズに進んで行きます。

② Inclusion Phase（LGBTの目を通す）

正しい理解の次に、企業は社内・社外それぞれの取り組みを当事者視点で見直してみる必要があります。企業が従業員向けに整備している制度や規定などが、性差なく平等になっているかという視点でチェックするのと同様に、LGBTの従業員だと困ることはないかどうかを見直してみます。改善が必要な点があれば改善を図ります。この際、LGBT向けの特別な施策や制度づくりをする必要はなく、セクシュアリティの違いで、処遇が異ならないような平等化を意識する必要があります。社外向けの取り組みならば、提供するサービス・商品の見直しなども取り組む必要があります。広告表現において配慮がなされているか、男女二元論でサービスや商品が設計されていないかなど、当事者の視点でチェックをし直していくことが重要です。

③ Innovation Phase（ＬＧＢＴの感性を活かす）

当事者の視点で、社内・社外の取り組みを見直し、改善した後に、ＬＧＢＴと共に新たな価値を創り出すことはマーケティング的なアプローチとして最大の魅力でしょう。ＬＧＢＴならではの視点や発想を活かし、従来の価値観では生まれなかった新たな価値を作ることができます。

この際、ターゲットをＬＧＢＴに限定しないことが重要です。ＬＧＢＴは特別扱いされることを望んでいるわけではありません。「ＬＧＢＴ向け」と謳った商品やサービスの提供は、当事者に困惑しか産みません。利用者となるＬＧＢＴが、その商品やサービスを利用することでカミングアウトにつながってしまうようなものは敬遠されることは自明でしょう。対応を急ぐあまり、正しい知識や理解なく取り組むことは、不用意に当事者を傷つけてしまうため、こうしたステップを守ることは非常に重要です。

次に具体的な取り組みについて、どのような可能性があるのかをご紹介していきましょう。

各フェーズにおける具体的アクションプラン

Diversity Phaseの具体的アクションですが、何を差し置いても、まず多様なセクシュアリティに関する正しい知識の習得と理解が重要です。LGBTについて「なんとなく分かっている」といった経営者や従業員が多くいます。しかしながら、この「なんとなく」が、実は危険です。「同性愛者のことでしょ」「性同一性障がいの人たちのことでしょ」など、多様なセクシュアリティについて理解しないまま、ごく一部の変わった人という誤った認識であることが非常に多いのです。

多様なセクシュアリティについて理解しないままに「分かっている気がする」という状態が続くことで、その後どんなにLGBTと等しく向き合うための施策を行っても、結局「正しい理解をしてもらえていない」とLGBTは認識し、全てが形骸化して終わります。これでは企業にとって、どんなアクションも予算の無駄遣いにすぎません。「分かったつもり」

から脱して、正しい知識の習得と理解を図らねばなりません。

経営者を筆頭に、その組織に属する全ての人が、好き嫌いを問わず、正しい知識を持つことが重要なのです。また企業において、人材の流出と流入は必然です。年に1回の研修などで短時間でも確認する機会を持ったり、新入社員・中途社員など新たに迎え入れる人員に同じ理解を促すなどの、定期的、継続的な理解増進を図ることがベストでしょう。方法は様々ですが、社員研修や啓発ツールの配布などが有効です。

職場環境の向上を目指すのであれば、社内外への周知徹底も取り組むべきアクションです。２０１７年からセクシュアルハラスメントの対象にＬＧＢＴが含まれることが明記されたように、多様なセクシュアリティを等しく尊重することの重要性を、企業の社内規定などで明記したり、企業トップが全社員に方針として明示していくなど、従業員に周知することは重要なのです。

人事戦略上、こうした職場環境向上に向けた意識付けは、ＬＧＢＴの人々がカミングアウトする・しないに関わらず、安心して職務を遂行できる環境を整えることになります。人材資源である従業員の流出を防止することにもつながるのです。また社外に明示する企業も増えています。これは人材の獲得につながるアクションです。多様なセクシュアリティに対して寛容な企業であればあるほど、セクシュアリティを問わず、多様な人材が集まります。これは前章で述べた通り、組織の成長やイノベーションに大きく貢献します。もちろん、こうした社内外への明示は、実際に理解増進への取り組みを決定してから行うことが肝要です。

さてInclusion Phaseです。次にできることは、社内規定や制度などのソフト面の見直し、そしてハード面の対応検討です。企業における規定や制度は、その企業で働くすべての従業員が等しく活用できるものが好ましいと考えられます。

人事規定や福利厚生など、これまで男女二元論で設計されていることが多いのが現状です。それは決して悪いことではありませんが、身体性の男女の視点だけではなく、セクシュアリティという視点で見直してみた際に、性同一性（性自認）や、性的志向によって、活用できない状況を生んでいるかどうかを再確認してみることも工夫のひとつです。

こうした取り組みは、各企業の判断に委ねられますが、性的指向が同性の従業員にとってパートナーと位置づけられる人を、異性愛者における配偶者と同等に扱うのか否かを検討したり、身体性に対して性同一性（性自認）で違和を抱える方の制服やトイレ利用はどうするのかなど、検討を進める企業もあります。

福利厚生制度などが、セクシュアリティに関わらず活用できるように設計し直す場合、その申請方法をどうするか、適用条件などを検討する等、社内コンセンサスを含め整備していくことも、決して容易なものではありません。申し出があった時に対応できない状況で、検討に時間がかかり、その間に申し出をしている従業員が離職してしまっては遅いのです。

多様なセクシュアリティに対する知識の増進を進めながら、少しずつでも社内のコンセンサスを取りながら、各企業オリジナルの対応を検討していくなどの取り組みは、多様性社会においては重要になってくるでしょう。社内のコンセンサスを得ながら、制服やトイレなどで、それぞれの性同一性（性自認）や性的指向に合わせて対応できるように（希望する方が現れた場合に）準備していきましょう。

またInclusion Phaseにおいては、社内向けのアクションと同時進行で、社外向けのアクションも必要です。対外的に発信しているメッセージや表現に関する、多様性配慮があるかどうかの確認です。B to C、B to Bに限らず、企業が発信するメッセージに触れている人たちのセクシュアリティも当然多様です。ついつい身体性としての男女に限定されたメッセージになっていないかを見直します。新たなメッセージを発信する場合は、多様なセクシュアリティの存在を意識しながら制作することが重要です。

例えば、「男女」という漢字を用いて「人々」というナレーションが入っている広告表現が発信されたとします。身体性が男女という意味合いでも、性同一性（性自認）、もしくは性的指向においてマイノリティの方がこれに触れた時、自分たちには向いてくれていないんだ、とがっかりするかもしれません。人によっては、リテラシーがない企業だと後進的に感じる方もいるかもしれません。配慮のある企業への信頼が高まる多様性社会において、こうした表現の見直しも重要になります。

これは、企業メッセージの表現にとどまりません。企業が提供する商品やサービスも同様です。男性向け、女性向けと限定的にメッセージを発信することはよくあるでしょう。マーケティング戦略上、そうした選択をすることはよくあるのですが、多様なセクシュアリティの人たちを見落としているケースも多々あります。限定しないということを、戦略手段のひとつとして念頭においておくことも重要でしょう。

例えば、欧米の百貨店では、セクシュアリティを限定しない販売フロアを設置したところ、男女に区分けしたフロアよりも顧客の回遊率は高まり、販売金額も比例して向上したというケースもあります。男女と限定しないことにより、より多様な人に興味関心を喚起し、それが売り上げにつながっていくというダイバーシティ社会ならではのマーケティング戦略です。男性向けパッケージは青か黒、女性向けパッケージはピンクか黄色などと、固定観念によるラベリングで、多様なセクシュアリティに配慮がなされていないなどのケースも多々あります。こうした従来の価値観を再検証し、時代に合致した価値提供を検討することは何よりも重要です。

さて、Innovation Phase は、取り組みの方法が多様です。基本は Inclusion Phase で実施した表現の見直しや、提供価値の再考がベースになることが多いでしょう。

ＬＧＢＴの目を通す、すなわち当事者にインタビューをしてみることから始めます。表現の再検討であれば、広告表現、メッセージなどがより多様になっていきます。例えば、セクシュアリティの多様性が意識されると、今後、家族の描かれ方も多様になっていくでしょう。同性間に子供がいる表現なども当たり前になっていきます。実際、欧米諸国の中でも、同性婚などが成立した国で、多様な家族の一つとして、こうした表現も生まれています。商品やサービスにおける新たな価値の発想も同様です。

異性愛者やシスジェンダーの意見をベースに提供価値を決めるのではなく、同性愛者や両性愛者の意見や、トランスジェンダーの視点で、新たな提供価値を再検討してみるのです。新たな価値観で表現や商品・サービスを見直すことで、イノベーションを起こすというケーススタディを少しずつ増やしていくのです。こうした取り組みは国内での事例が非常に少ないのですが、トライアンドエラーを繰り返すことで、その成功確度は高めていくことが可能になります。これについては、のちほど、第5章で事例を通して具体的にお伝えしていきます。

ロードマップの裏にある当事者の困難

こうしたロードマップの根底にあるのは、当事者の存在に対する意識の低さです。理解増進は全ての基礎になりますが、LGBTが実は身近な存在であることを理解すれば

Inclusion Phase や Innovation Phase は本来的にはおのずと生まれてくるものです。しかしながら、価値観の転換期である現在の日本国内では、こうしたロードマップを意識づけることで、ついつい見落としがちな多様なセクシュアリティを思い起こさせることが可能になります。

当事者の多くは、その存在を認識されていないということに大きなストレスを感じています。知識や理解がない、商品やサービスにおける表現でも、自分たちが社会的に存在していないかのように扱われていることにストレスを感じる人もいるのです。

これまでの価値観では、ＬＧＢＴをはじめとする性的マイノリティは我慢をするしかありませんでした。そうした社会が当たり前であり、マジョリティに自分をアジャストさせていくことが求められていました。「結婚して一人前」と言われれば、性的指向に関わらず、異性との結婚をしてきました。しかしながら、本人やその相手にとっても幸せはありません。身体性と性同一性（性自認）が一致しない人でも、職場で着用する制服は、身体性に基づくものを強要されてきました。

しかしながら、そうした状況下での職務は苦痛でしかなく、自分らしく生活していくことはほど遠いため、結果、職場を離れ、何度も転職を重ねざるを得ないといったキャリアプランニング崩壊に立たされるケースもしばしばだったのです。「それが社会だ」という声もいまだに耳にしますが、こうした多様性への配慮が海外で進むと、優秀な人材も国外に流出していきます。実際、日本国内の状況に耐えかねて国内から離れるＬＧＢＴも少なくありません。少子高齢化、グローバル化社会での多様性推進はまさに急務なのです。

私がお伝えしているロードマップは、こうした当事者の困難を、企業やそこで共存する従業員が共に再検討するための道筋です。一方的にマイノリティに対する我慢の強要とならないために、理解する風土づくりと、様々な視点を持ちながら検討していく過程にすぎません。多様なセクシュアリティを、一方的にマジョリティが受け入れることを強要するものではなく、正しい理解の下に、どのように共存を検討するかという視点で進めるためのステップなのです。

2 カミングアウトと周囲の向き合い方

カミングアウトと「クローゼット」

さて、これまで私は、100社近い企業に研修を提供してきました。研修後の質疑応答で必ず出てくる質問が「カミングアウト」についてです。カミングアウトとは、「Coming out of the closet」（クローゼットから表に出てくる）という言葉が短縮されたものです。このフレーズにある「クローゼット」という性同一性（性自認）や性的指向を隠している状態から、それを表に出した状態になる＝打ち明ける、という意味を持つ言葉として使われています。

この言葉は、まだ多様性に非寛容だったアメリカ社会において、性的指向が同性だった人たちが「暗い押入れの中に閉じ込められている」と暗喩されていた時代に、「クローゼットの中から出て、真の姿を解放する」という意味でカミングアウトという用語が使われるようになったという歴史的経緯があります。社会の中で、自身のセクシュアリティをカミングアウトするという行為は、目に見えないアイデンティティだからこそあり得る、社会に対する重要な行為のひとつに当たります。これはとても勇気のいることで、特に、多様なセクシュアリティが理解されていない環境や、性的マイノリティが偏見や誤解に晒されていたり抑圧されていたりする環境下では非常に困難なものです。

カミングアウトを行うことは、非常にリスキーなことであり、当事者はカミングアウトをするか否かについて、非常に慎重に検討する必要があるとされています。また、どんなにLGBTや多様なセクシュアリティに理解がある環境下でも、カミングアウトは強要されるべきものではなく、その行為を行うか否かは、本人の意思が尊重されるべきものです。

そもそも、LGBTや性的マイノリティと言われる人たちにも、カミングアウトしたい人、カミングアウトしたくない人がいます。LGBT総合研究所の調査では、「仕事や生活に支障がなければカミングアウトしたい」と回答した人は41・5％でした（図表３―２）。つまり半数以上のLGBTはカミングアウトを望んでいません。カミングアウトすることに対して、「職務上に全く無関係であるため、カミングアウトすることを望まない」「余計なバイアスをかけて見られる」「ネガティブな結果のリスクしかなく、（自身にとって）メリットがない」といった理由が挙がります。

図表 3-2　当事者のカミングアウト意向

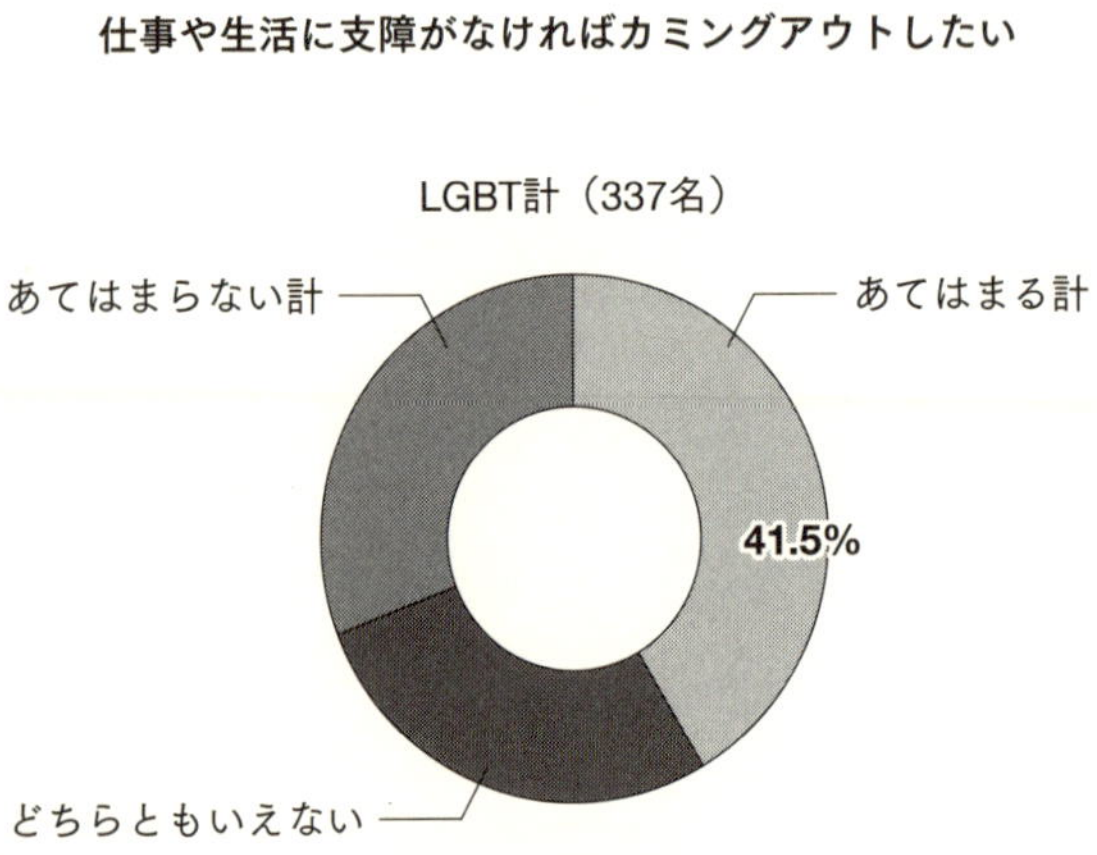

［出所］「LGBT 意識行動調査 2016」
全国 20～59 歳、LGBT 層：828ss, 非 LGBT 層：208ss,2016/05/19-21

これは当人の選択の自由であり、カミングアウトしない自由も当然必要になります。海外におけるいくつかの研究では、企業におけるカミングアウト率と、その当事者の生産性は比例しているとされており、カミングアウトできる環境を整えることは、従業員の生産性向上につながる施策だとされています。しかしながら、本来的にセクシュアリティは非常にパーソナルなアイデンティティであり、カミングアウトは、した方がいいものというわけではありません。クローゼットでいることに対するストレスを感じている人が、そこから解放を望む場合にカミングアウトできる場を作ることが重要なのです。

したがって、カミングアウト率を、職場内環境の多様性推進の目標値におくということは大きな誤りと言えます。昨今、ダイバーシティ推進への強い想いがゆえに、カミングアウトしたい人の気持ちに寄り添いすぎており、カミングアウトしたくない人の気持ちに寄り添っていない施策や効果検証などを導入する企業なども増えており、LGBTや性的マイノリティ内でも議論が湧いています。カミングアウトができる環境づくりは重要ですが、それよりもカミングアウトしなくても過ごしやすい（多様なセクシュアリティを包摂しており、それを関心ごととしない）環境づくりを目指すことが重要だと言われています。

アウティング（暴露）への対処意識の高め方

セクシュアリティはパーソナルなアイデンティティであることは何度となく触れてきましたが、他者のセクシュアリティを暴露することは重大なプライバシー侵害に該当します。また公表を強要することも一種のアウティング（暴露）です。相手がカミングアウトを望んでいない場合はもちろんのこと、周囲へのカミングアウトを望んでいる人であっても、他者が勝手に暴露するといった行為は許されるものではありません。

望む時に、望む対象者に、望むタイミングで行われる行為であり、それは他者が決めるものではありません。「良かれと思ったから」、「情報の扱いに困り、周囲へのヒアリングを目的として」といった理由でも、本人の確認なく周囲に公表しないように配慮しましょう。

昨今、こうした暴露による事故が増加傾向にあり、危機意識を持つことが重要です。同性の友人に好意を抱いた大学生がカミングアウトをし、その相手が第三者にアウティングしてしまったことにより、その大学生が自殺するという事件も起きています。また、企業等においても、従業員のセクシュアリティ公表を当人に強要したがゆえに訴訟問題となったり、特定の従業員のセクシュアリティが社内で噂話となり、その従業員が退職に追い込まれるなどのトラブルが起きています。いずれも、他人のセクシュアリティに関する情報の扱いをどのようにしたらいいのか知らなかった、分からなかったという理由で起きてしまった事象です。

こうしたトラブルは起きてしまってからでは遅く、知らなかったでは済まされないものなので、カミングアウトされた場合、もしくはカミングアウトされたのではなく、何らかの理由で他者のセクシュアリティを知った場合は、アウティングにならない言動を心がけねばなりません。企業は、職場内におけるセクシュアリティに関する情報の扱いについて、細心の留意が必要であることを従業員に周知徹底することが必要です。

カミングアウトされた場合にどうするか

では、当事者からのカミングアウトに直面した場合、どのように向き合えばいいのでしょうか。LGBTや性的マイノリティにとって、そもそもカミングアウトはとても勇気のいることです。カミングアウトすることによって、公言した相手との関係性が崩れてしまうかもしれないという不安を抱えながら、自身がカミングアウトする目的と照らし合わせて、その必要性を検討した上での判断となるからです。

その目的は様々であり、何かクローゼットであることによるストレスに悩んでいるかもしれません。また他者にセクシュアリティを知られたことにより、いじめや嫌がらせなどに直面しているから相談した、というケースもあります。単純に、好意を寄せており、その想いを伝えたいからカミングアウトしているケースもあります。

いずれのケースにおいても、カミングアウトする人間は、公言した相手が「不用意に他者にアウティングしない」という信頼を前提に打ち明けていることが多いのです。信頼されているからこそカミングアウトされるという前提に立ち、まずは耳を傾けることが重要です。どういう理由があって、何の目的でカミングアウトをしてきたのかを理解する必要があります。

カミングアウトの理由や目的を理解した上で、次のアクションに進みます。カミングアウトの理由が、困難の解決を望む場合、その解決に向けた対処をするのは当然です。しかしながら、対処に困ったからといって他者に勝手にアウティングしないようにしましょう。人事的な対処が必要な場合、人事部の人間に「秘密なんだけれど」と勝手に話してはいけません。自身で解決が困難だと判断した場合、第三者に相談するべきだと思っても、まず当人の確認を取ることが必要です。

「誰に」「どんな相談を」「どのようにするべきか」を当人と話し合いながら、その際にセクシュアリティの情報を告げねば先に進めないことを告げ、その情報の公開範囲を確認し、同意が得られた時にのみ、他者へ公表することが重要です。こうした場合、カミングアウトした当人は、「自身だと特定されないようにして欲しい」「やはり自分から相談する」などの次へのアクションに進む判断を行うことになります。あくまで、セクシュアリティに関する情報は、本人の意思によって扱われるという前提を忘れずに進めなければいけません。

ちなみに、単純に好意を寄せられて公言された場合、それを断るのはセクシュアリティに関わらず、告白された側の判断で構いません。同性愛者が異性愛を断るのと同様に、異性愛者が同性愛を断ることは失礼に当たりません。同様に受け入れることも自由です。

ただし、その二者間の話を第三者に話すことはマナー違反です。度重なる執拗なアプローチがあった場合は、性的指向を第三者に不用意に公開しないように留意しながら、法の下に対処していくことが重要です。

3 企業が関わるソーシャルアクション

プライド・パレード

LGBTなど多様なセクシュアリティの文化を讃えるイベントが世界中にはあります。「プライド・パレード」「プライド・マーチ」「ゲイプライド」「LGBTフェスティバル」等、その呼称は国によって様々ですが世界各国で毎年行われています。第1章でも少し触れましたが、1969年のストーンウォール・インにおける暴動が発生したことを機に、その事件の1年後にゲイ（欧米では同性愛者を中心とした性的マイノリティを含みます）の権利を求める社会運動のひとつとしてアメリカ国内の各地でデモンストレーションが行われるようになりました。これがプライド・パレードの始まりです。

こうした権利獲得を目的とした社会運動に参加していた人々や活動団体などは徐々に増えていき、参加人数や規模も急速に拡大していくようになります。目的の幅も多様化し、LGBTの社会的困難に対する権利獲得運動として取り組むだけではなく、ポジティブな文化的側面を社会に提示していこうというニュアンスも強まりました。次第にLGBT特有のカルチャーなどを織り交ぜ、それらを讃えるイベントとして成長していくことになります。アメリカではニューヨーク、サンフランシスコなどの大都市だけではなく、地方都市でも開催されるようになりました。

またアメリカ以外でも、オーストラリア、カナダ、ドイツ、スペイン、フランス、ブラジルなど様々な国で開催されており、日本でも毎年5月に実施されています。性的マイノリティに比較的寛容な都市では、パレードのような練り歩きだけではなく、フェスティバル形式として観光資源となる催し物も開催されるようになっています。日本で言う山車に近い「フロート車」という宣伝カーに、グローバル企業をはじめ、地元に根付いた企業などが派手な装飾を施し、LGBT対応に取り組んでいることを対外的にPRするなどの協賛活動も盛んになりました。

また、企業に限らず、政治家や国家公務員、政治・教育分野の人々、宗教団体などがスポンサーになり、開催地の観光資源として広く宣伝なども進んでいる状況です。欧米では、こうしたパレードやフェスティバルのために観光客が数百万人単位で動員されるほどのビッグイベントに成長しており、今後、ダイバーシティ社会においては注目の社会活動として、企業などの視線を集めています。

日本におけるLGBTのパレードについて少し歴史を振り返りましょう。日本でも1994年以降、国内各地で開催されています。日本における最初のゲイ・パレードは1994年8月28日の「東京レズビアン・ゲイ・パレード」でした。東アジアにおいては、フィリピンが同年6月に開催したのに続き、2番目に早い開催国とされています。

1997年には、性同一性（性自認）が女性であるレズビアンやバイセクシュアルの女性を中心としたパレード「ダイクマーチ」が東京で開催されました。その後も、様々な主催者や団体により、名称や参加する人々のセクシュアリティ幅を拡げながらイベントは引き継がれます。2000年に渋谷で開催された「東京レズビアン&ゲイパレード（TLGP）」では、約2000人の人々が行進する規模となりました。2002年には3000名を超える参加者を動員したものの、こうしたイベントはボランティアを中心に組成されており、活動費も寄付金によるものがほとんどのため、運営が厳しくなり、03年～04年は休止。こうした中、TLGPを運営する母体として「東京プライド」が設立され、2005年8月に東京では3年ぶりのパレード「TLGP2005」が開催され、3500人が動員されました。

翌年2006年開催時に動員3800人と順調に拡大していく中、レズビアン・ゲイといった同性愛者に限定されすぎている状況に対し、他国のパレードやフェスティバルなどに比べ限定的・排除的であるという意識が高まり、その他の性的マイノリティも包含する名称や内容へと進化していきます。

2007年には、性的指向に限らず、性同一性（性自認）の多様性の尊重に対する意識の高まりを反映した「第6回東京プライドパレード」と名が改められるようになりました。その後、2011年は東日本大震災（東北地方太平洋沖地震）の影響で中止となりましたが、2012年より新たな主催団体により「東京レインボープライド」が開催され、約4500人が動員されました。2013年は約1万2000人、2014年は約1万4000人と次第に参加者が拡大していく中、2015年には一気に過去最高の6万人もの動員数に増えます。

直近では「東京レインボープライド2017パレード&フェスタ」で約5000人がパレードに参加し、会場への来場者は過去最高の10万5000人にのぼるまでに拡大しています。こうした国内のパレードやフェスティバルは東京に限らず、札幌、愛知、大阪、九州、沖縄などでも開催され、各地域の動員数は年々増加傾向を見せ、国内外の様々な企業がスポンサーで参加するようになっています。

人権団体による企業のＬＧＢＴ対応評価

企業が取り組むソーシャルアクションは、プライド・パレード以外にもあります。日本に浸透するかは別として、欧米で浸透しているのが人権団体による企業評価指標です。

アメリカ最大の人権ＮＧＯヒューマン・ライツ・キャンペーン財団（ＨＲＣ）は、企業のＬＧＢＴＱに対する平等化への施策状況を評価する「企業平等指数（Corporate Equality Index、CEI）」を毎年公表しています。このＣＥＩは、ＬＧＢＴＱに対する職場の公平性を示すベンチマークとして２００２年にスタートしたもので、「フォーチュン１０００」と言われるアメリカ国内でビジネスを行う大手企業である１０００社や、法律事務所２００社を対象に、企業や法律事務所の取り組みを採点、スコアリングしています。こうした企業評価に対して真剣に取り組む企業や法律事務所は年々増えており、２０１８年には９４７社が回答していました。

　結果としては、609社が満点の100点を獲得（前年は517社）しており、性同一性（性自認）や性的指向による偏見のない職場環境を整える企業が増えていると言われています。こうした評価や指針が設けられることによって、企業の意識は、さらなる高まりを見せ、上位500企業の中で性的指向による不平等をしないことを明言する企業が、2002年の開始当初が3％だった所から、2018年には83％にまで増えています。

　HRCによる評価視点は主に、企業の差別禁止方針があるか、従業員（および家族）に対する待遇の平等性、LGBTQの受け容れに関する企業の社内教育や責任指標の設置状況、LGBTQの社会活動への参加（企業責任として）とされています。2017年からは、評価基準が厳しくなっており、米国内の職場環境だけではなく、米国以外にグローバルで同様の取り組みをしているのかどうかも問われるようになってきている状況です。

　昨今、アメリカではトランプ政権が誕生して以降、LGBTQに対する権利保護の対応が止まっており、当事者からは大きな反発が相次いでします。しかし、こうした中でも多くの企業がLGBTQに対する平等な職場環境構築を目指した積極的な動きを見せています。

国内でも、こうした取り組みに近い取り組みがスタートしています。「work with Pride（wwP）」という任意団体が、2016年に企業・団体等のLGBTに関する取り組みを評価する評価指標「PRIDE指標」を策定。企業や人権団体、その他の有識者によるワーキング・グループが指標を検討。応募企業の取り組みを評価、ランク分けして表彰する等の取り組みや、先行する企業の取り組み事例を公開しています。

2017年10月には、LGBTに関するカンファレンスを実施し、PRIDE指標に応募していた109社の評価発表と表彰を実施しました。公的な基準ではないものの、こうした取り組みに自発的な参加を行う企業が、国内でも増えている状況です。

企業がソーシャルアクションに参加する意義

プライド・パレードや、LGBT対応評価の取り組みなどに企業が参加する目的や意義はどこにあるのでしょうか。ひとつは、先述のロードマップにおけるInclusion Phaseに該当する、「LGBTの目を通す」という取り組みです。企業のLGBT対応施策が、LGBTに該当しないセクシュアリティの人により策定されるケースも少なくありません。LGBTによる策定が必要なわけではありませんが、重要なことはLGBTによる視点を忘れないことです。

プライド・パレードやこうした企業評価の取り組みに参加することは、実際に多くのLGBTとリアルに触れることにつながります。「初めてLGBTの方とお話しできました」という声が寄せられます。実際は、これまでもLGBTの方と話していても、気がつかなかっただけにすぎないのでしょうが、こうした取り組みの多くは、カミングアウトされて参加している当事者などがつどって実施されるため、企業がそうした活動と触れる際には、LGBT当事者との直接コミュニケーションが可能になります。

こうした機会を活用し、どれだけ当事者のリアルな意見や声を取り入れるかが、施策構築においては重要なキーファクターとなるため、参加することは大きなメリットとなるのです。また、企業スタンスの明示を社会的に行うことが可能になります。LGBTに対する取り組みを熱心に行っていても、そうした取り組みを対外的に発信する機会はなかなか少ないことが現実としてあります。その企業がどんな取り組みを実施しているのか、どれくらい熱心なのかを、当事者や関心者に対して発信できるいい機会なのです。

プライド・パレードにスポンサードしている企業の多くは、こうした機会を活用しながら、LGBTの方々に向けて情報発信を行っています。これにより、ダイバーシティ&インクルージョンへの意識が高い企業としてのPRを実現し、同業他社との差別化や、優秀な人材獲得につなげていくということを実現していくのです。

この章のポイント！

☑LGBTと向き合うには3つのステップが重要

このステップは不可逆的で、まずは理解が先決

①LGBTを正しく知る（理解増進）

多様なセクシュアリティに対して、
正しい知識の習得と理解を深めていくことが重要。
継続的な研修や啓発活動が有効

②LGBTの目を通す（当事者視点）

当事者視点で、自社の取り組みを見直す工程。
社内規定や制度、社外向けの広告表現等を見直す。
男女二元論に縛られすぎないことが重要

③LGBTの感性を活かす（イノベーション創発）

既存の価値観に縛られずに、LGBTの感性を
活かして新たな提供価値を創る。
トライ＆エラーで、成功確度を高めていく

☑もし、カミングアウトされたら

カミングアウトは信頼されている証。
まずは傾聴が重要。
他者に勝手に暴露しない意識も必要

☑世界には多様な「プライド・パレード」がある

企業が参加できるソーシャルアクションのひとつ。
日本は「東京レインボープライド」が5月に開催

☑LGBT対応が評価される時代？

海外では人権団体による企業評価が進む。
日本にも似た取り組みはあるが、
まずは評価獲得よりも社内の理解増進が重要

第4章

【実践】ＬＧＢＴと向き合う②
――マーケティング編

1　LGBTマーケティングとは

企業がLGBTと向き合う時、社内と社外の両面があるとご説明してきました。今度は社外のLGBTと向き合う方法について知っていきましょう。

ソーシャルアクションにとどまらず、企業の収益活動において、LGBTと向き合う方法が「LGBTマーケティング」です。そもそもマーケティングとは、顧客に価値を提供し、対価を受けるための企業活動全般を指します。提供価値の創造・開発から、リサーチ、販促、広告、流通など含めた企業活動のプロセスです。

このプロセス全てにおいて男女二元論から脱却し、多様なセクシュアリティを意識していくことが「LGBTマーケティング」です。本書では、その中でも2つの方向性をご説明していきましょう。

ちなみに、この手の話をすると、「LGBTを企業の食い物にするな！」というバッシングを受けることがあります。これはLGBTに対する理解が低い状況の国内市場においては、致し方ない指摘や反応かもしれません。しかしながら、女性向けの商品を、女性のニーズに合わせて開発し、その対価を女性から得ていく企業に対して、「わたしたち向けの商品を作ってくれてありがとう」という満足があるのと同様に、ＬＧＢＴをターゲットと捉えても、これを実現できると私は考えています。あくまで、その企業がＬＧＢＴや多様なセクシュアリティに理解があるという前提でのお話になりますのでご了承下さい。

ＬＧＢＴをターゲットとして収益を生み出すこと

ひとつめは、ＬＧＢＴをターゲットとしたマーケティング活動についてです。そもそもマーケティング活動における基本は、顧客のニーズからスタートします。顧客のニーズを調査し、企業は提供する価値を創造し、適切な接点で広告・販促を行い、適切なチャネルで販売します。

これに対し、顧客が価値ありきとし、必要とした場合に対価が発生します。こうした一連の流れにおいて、現状の国内では「顧客」となるＬＧＢＴが、よく知られていません。まずはＬＧＢＴを知ることから、そのポテンシャルを探っていきましょう。

マーケティング視点で見た時、国内におけるLGBTは5・9%、約800万人が該当します。その他のセクシュアリティを含めれば8・0%、約1000万人規模の市場です。先述の通り、22兆円近くの消費規模となれば決して小さい市場ではありません。既に説明している通り、①高い支出傾向、②高い情報感度、③インフルエンサー気質という特性があり、優良顧客の傾向が見られます。

国内市場だけではなく、グローバルにこれを見ていくとさらなる市場の幅が広がります。世界には4億5000万人いて、約400兆円の市場です。欧米では、LGBTの購買力のことはピンクマネーと称されており、イギリスではゲイの購買力は「ピンクポンド」、レズビアンの購買力は「ブルーポンド」と呼称されています。またアメリカでは「ピンクダラー」「ドロシーダラー」と言われ、男女二元論で構成されたビジネス構造からは外れている、LGBTのニーズに基づいた、新たなマーケットと言われています。

こうした市場は、LGBTに対して社内・社外共に寛容な態度を表明している企業によって積極的に開拓されています。通常のマスメディアでのコミュニケーションのみならず、LGBTのメディアを通じて、LGBTのコミュニティに情報発信を行い、LGBTに対して商品やサービスを直接的に提供する手法が取られているケースも多々あります。

アメリカでは、こうしたＬＧＢＴをターゲットとした調査が行われており、多くがＤＩＮＫｓ（Double Income No Kids：子供のいない共働き世帯）であり、可処分所得がより大きい傾向であると言われており、１９９０年代中期より大手企業による市場開拓が急速に進んでいる状況です。

こうしたマーケットに対して特化した広告キャンペーンは次々に展開され、テレビや屋外でもＬＧＢＴを描いた広告などが展開され、ＬＧＢＴ内に限らず、広く社会的にＬＧＢＴの市場というものは認知されています。２００６年にはタイム誌で、欧米企業の同性愛世帯をターゲット化する企業の関心が伸びているという特集が組まれたほどです。

しかし、なぜ、急速にこうした動きが活性化したのでしょうか。その背景には、国勢調査結果に基づく公的な統計データが公表されたことがあります。アメリカでは２０００年に、合衆国内に65万８０００以上の同性間カップルが世帯として存在したという結果を、国勢調査の調査局が公表しています。またイギリスをはじめ、オランダ、オーストラリア、カナダ、スウェーデンなどでも同様に、信用性の評価が高い人口調査結果を公表しています。

こうした統計から、企業はLGBTを有望なターゲットとして認識し、社内・社外の向き合いを積極的に行い始めたのです。また現在では、欧米を中心とした国々でLGBTマーケティングに特化したエージェントも増えています。LGBTをターゲットとして検討し開拓する企業に対し、LGBT特有の消費特性などの調査を行い、メディア戦略の構築やコミュニケーション設計などのサービスを行っています。向き合う企業にとって、LGBTのデータは貴重であり、こうしたデータやメディア特性などの専門性の高さから、企業ニーズが高まっている状況なのです。

このようにLGBTマーケットのポテンシャルは非常に高いと期待されています。おそらく、LGBTの人々の心をつかめば、その企業は大きな収益を得ることが可能でしょう。しかしながら、そう簡単に当事者の心をつかめるものではありません。

まず、LGBTのことを理解しなければ、当事者コミュニティから想像もしないほどの反発を受けることになります。実際に、LGBTに対する社内の取り組みを疎かにしていた企業がLGBTマーケティングに取り組んだ結果、当事者からの大きなバッシングや不買運動を受けて失敗した例も多く存在しています。また、ある企業ではLGBTに対する社内・社外の取り組みをしていたにも関わらず、その企業の寄付先に反ＬＧＢＴを標榜する企業が含まれていたことを指摘され、マーケティングにストップがかかったこともありました。

このように、マーケティング上のターゲットとしてＬＧＢＴを検討するにも、社内整備が必須ということを考えると、そう容易なわけではないと分かります。

ＬＧＢＴを活かして収益を生み出すこと

ふたつめの向き合い方は、ＬＧＢＴを活かして収益を生み出すマーケティング方法です。単純にターゲット化していくだけではなく、インフルエンサー気質であり、イノベーター層が多い特性を活かしていくという向き合い方です。

既にご紹介した通り、ＬＧＢＴの特性としてネットリテラシーが高く情報感度が高いというメディア接触に関する特性があります。情報収集力、情報発信力いずれにおいても高いということは、情報の拡散に有効なインフルエンサーが多いということを示しているのです。

また、新商品の取り入れや、新しいものに対して積極的にトライするという特性も見逃せません。こうした特性を鑑みると、ＬＧＢＴはイノベーター理論のイノベーター層やアーリーアダプター層に該当するキャラクターであると言えるでしょう。イノベーター理論とは、スタンフォード大学のエベレット・ロジャースという社会学者が提唱した理論で、新しい商品やサービスの普及の仕方、浸透して行く過程を、5つのグループに分類して表したものです（図表4－1。図表2－7の再掲）。

この理論において、イノベーター層は、革新的で新しい商品・サービスが出ると進んで採用する層を指し、市場全体の2・5％を構成する人たちです。彼らは、新規性、新たな技術革新など、「最先端」であることを重要視する特性があり、世の中の誰よりもそれらを先に手に入れることに価値を感じる人たちです。

アーリーアダプター層は、トレンドに敏感で、常にアンテナを張って自ら情報収集を行い判断するグループで、市場全体の13・5％を構成しています。新しい商品やサービスの情報収集に積極的で、良いと判断したものは積極的に購入します。

また、次のグループ層であるアーリーマジョリティ層やレイトマジョリティ層への影響があり、「オピニオンリーダー」と呼ばれる人たちです。昨今のマーケティングトレンドの「インフルエンサーマーケティング」などで捉えるべきクラスターでしょう。新しい商品や

図表 4-1　イノベーター理論

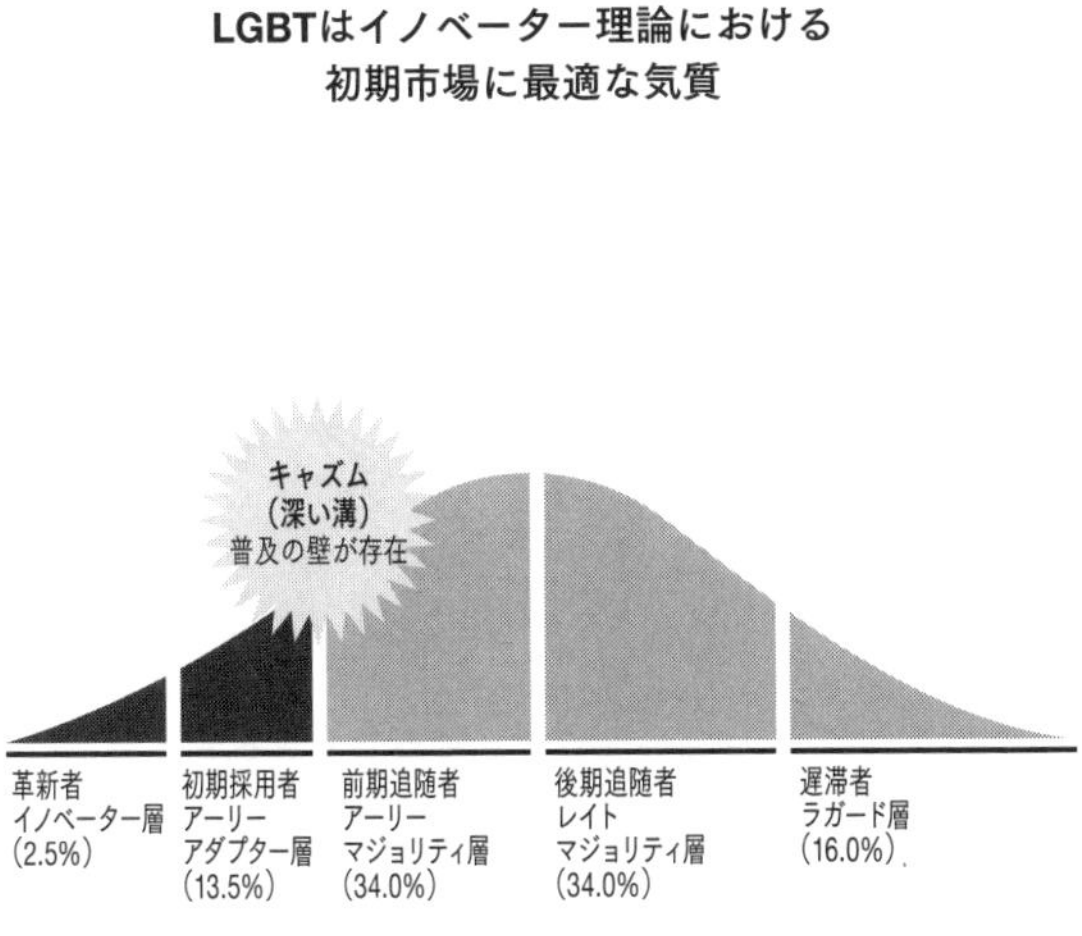

サービスの浸透には、イノベーター層の獲得とアーリーアダプターへの浸透が重要とされています。

ロジャースは、これら2つのグループの16％にまで浸透することが、新たな商品やサービスが普及するかどうかの分岐点になるとして「16％論理」を提唱しているのです。

話は少し逸れましたが、こうした2つのグループにマッチした層に、LGBTが多く含まれていると捉えた場合、LGBTが「自分たちのことを向いてくれている」「自分たち向けの新商品・サービスだ」と気がつくことが非常に重要です。LGBTをつかめば、アーリーマジョリティ層やレイトマジョリティ層までの拡大へとつなげられるのです。

ちなみに、ロジャースの理論に対し、「キャズム理論」と言われる新たな理論があります。これは、アメリカのマーケティングコンサルタントのジェフリー・ムーア氏によって提唱されたもので、イノベーター層とアーリーアダプター層による初期市場と、アーリーマジョリティ層以降のメインストリーム市場には「キャズム」という深い溝があるというものです。

この溝を越えるためのジェネレーターともなり得るのが、実はLGBTなのです。企業のマーケティング担当者から、「LGBTに商品が流行ったからといって、LGBT以外のマスに需要は拡大して行くのか?」という疑問を投げかけられることが多いのですが、LGBTの情報拡散先はLGBTに限られません。

LGBTは社会から分断されているわけではなく、社会の中でセクシュアリティを隠しながら、LGBT以外の人たちと普通につながっているのです。LGBTの情報は、LGBTの目を通されながらも、マスにはLGBTの情報としてではない形で届くのです。たとえ、LGBTに偏見のある非LGBTの人がいても、LGBTからの情報であるということを知らずに拡散された情報に触れているのです。

LGBTならではの視点で、その新商品・サービスの価値を再発見してもらいながら、広くマスに提示してもらえることが可能となり、こうしたキャズム(溝)を越えるジェネレーターとなる存在になるのです。

つまりは、LGBTをターゲットとして専用の商品開発や広告を発信するのではなく、広くマスをターゲットとした商品やサービスでも、LGBTをインフルエンサーとして活用し、アーリーマジョリティ層へのジェネレーターとして活用していくことが、LGBTマーケティングの新たなトレンドと言えるのです。

LGBT向け商品・サービスは成功しない？

さて、LGBT向け商品・サービスの可能性というものはあるのでしょうか。LGBTマーケティングと聞くと、一番に想像することかもしれません。

LGBT向け専用商品というものが大きな売り上げにつながった実績はもちろんあります。例えば、ウェディングでLGBT向け専用プランを組むことは、同性婚が欧米諸国で成立している背景から検討すれば成立します。事実、アメリカのニューヨーク市では、同州で同性婚が認められてから1年間の間に、結婚証明書の発行手数料や挙式関連の出費などが市にもたらした経済効果は2億5900万ドル（当時、約200億円）にのぼったと発表されました。

発表では、1年間に同性に発行した結婚証明書は8200通を超え、同市が発行した証明書7万5000通の10％強を占めており、同性婚から得た税収は1600万ドル。加えて、経済を押し上げる効果が最も高かったのは挙式関連費用とされています。

同市で結婚した同性カップルの67％が市内5地区にあるホテルやレストラン、パーティー会場で披露宴を開いたとのこと。結婚式に出席するため州内外から20万人あまりの招待客がニューヨーク市を訪れ、1泊平均275ドルで延べ約23万6000泊のホテル予約があったそうです。

細かな話ではありますが、結婚のあいさつ状は4万枚以上印刷され、引き出物も4万7445品目が購入されたそうです。さらに2015年6月に全米で同性婚が合法化されてから、経済効果は8億1300万ドル（当時、約975億円）にのぼるということが、米UCLAのシンクタンクであるウイリアム研究所により発表されました。

同性婚の合憲判決後、約4ヶ月で9万6000組の同性カップルが結婚。結婚式のために収めた国税と地方税は、約52億円。同研究所の報告書では、米同性婚の合法判決から3年間でおよそ約3120億円（26億ドル）の経済効果を生むと予想されています。こうした従来の男女二元論と異なる価値観で新たに産み出される、LGBT向けの商品やサービスは大きな可能性を秘めているとされ、多くの企業がLGBT向けプランなどの商品・サービスを展開しています。

しかし、こうしたＬＧＢＴ向け商品・サービスは、ＬＧＢＴのみの購入にとどまるのも事実です。広くマスに拡散していくものとは異なることを留意しなくてはなりません。また、Ｌ、Ｇ、ＢおよびＴは、それぞれに全く異なる特性を持っていることも認識しておかなければいけないでしょう。ターゲットを設定する時に、「ＬＧＢＴ」とひとくくりに設定して戦略を組むことは大きな誤りです。

性的指向や性同一性（性自認）の違いを理解している必要もありますし、Ｌ、Ｇ、ＢもしくはＴのどこを狙うのかを決め、セグメンテーションをかけていくと、想定していたよりも小さな市場になっていきます。こうしたことを含めて検討すると、ターゲットとして取り組むには、どうＬ、Ｇ、ＢもしくはＴのセグメントを開拓するかを考え、その後、ＬＧＢＴからマスに拡大するまで、念入りに戦略を構築していく必要があると言えます。

その他、ＬＧＢＴに対する正しい理解の浸透状況が社会にあるかどうかも、大きく影響すると考えられます。ＬＧＢＴに対する寛容度が低い社会においては、「ＬＧＢＴ向け商品・サービス」を利用することは、ＬＧＢＴであるということを周囲に知られてしまうことにつながります。その商品やサービスを利用することによってカミングアウトせねばならないような商品やサービスは、決して受け入れられることはないでしょう。

LGBTに受け入れられないだけでなく、LGBT以外の人たちが利用しても、「あの人はLGBTなのだろうか？」といった視線なども強く、誤解や偏見が解けていない社会においては、成功とはほど遠い結果になるのは容易に想定できます。

このように、LGBT向け商品・サービスの可能性は、特定の領域での可能性は一定数あるものの、社会環境に大きく左右され、基本的には理解が進まないかぎり困難だと結論づけられるでしょう。

2　具体的な手法——LGBTをターゲットとして捉える場合

親和性の高い商品・サービスはあるのか

LGBT総合研究所では、LGBTと非LGBTの消費特性の違いを判定する調査を実施してきました。まず消費特性として、各カテゴリーにおける消費金額の違いを見てみましょう（図表4－2）。この表では、LGBT層と非LGBT層のひと月あたりの消費金額を示

図表 4-2　ひと月あたりの消費金額

1ヶ月あたり平均値（円）	非LGBT計（208名）	LGBT計（828名）
家賃・住宅ローン	42,161	40,383
光熱費（水道・ガス・電気）	15,796	14,197
通信費（電話・インターネットなど）	12,968	12,992
保険料（生命保険、医療保険など）	15,439	15,426
交通費・ガソリン代など	10,654	9,510
自宅での食費	35,663	47,264
自宅での飲料（非アルコール）	2,756	3,271
自宅での飲酒（アルコール）	3,207	4,621
外での食費	9,101	9,524
外での飲料・飲酒	4,013	5,221
ファッション（衣類・靴・アクセサリーなど）	6,505	8,630
化粧品・理美容関連商品・サービス	3,580	3,869
医療・健康関連商品・サービス	3,395	3,855
スポーツ・ジム関連商品・サービス	919	1,396
交際費（プレゼント・贈答品、冠婚葬祭費など）	5,899	6,109
家具・インテリア	1,438	1,709
国内旅行	8,024	17,310
海外旅行	7,721	20,926
車・バイク関連	9,418	6,621
芸術鑑賞（映画・音楽・美術館・観劇など）	1,628	3,444
教育・資格関連費	13,910	5,445
ギャンブル（パチンコ・競馬など）	6,822	3,802
ペット関連商品・サービス	1,415	3,642
その他趣味・レジャー	4,310	5,165
合計（積み上げ値）	161,843	174,908

［出所］「LGBT 意識行動調査 2016」
全国 20～59 歳、LGBT 層：828ss, 非 LGBT 層：208ss,2016/05/19-21

していています。このようにLGBT層と非LGBT層にはその消費特性にカテゴリーごとの差があることが分かります。

自宅内での飲食や、旅行（国内・海外）、ペット関連、芸術関連などの項目で、LGBT層は非LGBT層に比べ、高い支出傾向を見せています。一方、教育・資格関連、車・バイク関連、ギャンブルなどの項目においては低い傾向です。こうした支出傾向には、数字だけでは分からないLGBTならではのライフスタイルが背景にあります。

例えば自宅内飲食の支出傾向が強いのは、社会的な理解が進んでいないがゆえの誤解や偏見に晒されることを恐れ、人目につく自宅外での飲食よりも、安心できる自宅内での食事に傾倒することが多いからです。もちろん、すべてのLGBTがそうとは限りませんが、例えば、ホームパーティなどの機会も非常に多いという声は当事者内でも多く聞かれます。

旅行についても、居住エリアや職場環境などの日常的な生活圏では、セクシュアリティを隠している毎日を過ごす中、旅行という非日常の空間や体験で自身を解放したいという声も多く聞かれます。定性的な調査をした結果、こうした解放的な空間だからこそ、日常よりも消費に前向きだということが判明しました。

ペットに関する消費の高さは、同性間における子育てに近い感覚や、セクシュアリティを隠していることに起因する孤独感などに対する需要などが背景にあります。こうしたLGBTならではのライフスタイルや、周辺社会の環境などが影響し、高消費のカテゴリーが存在しているのです。こうした領域においては、LGBTと親和性が高いと言えるでしょう。

一方、低い消費傾向を見せていた教育・資格関連や、車・バイク関連などには可能性がないのでしょうか。現時点では消費意向が弱い状況にあるのかもしれません。しかしながら可能性がないのではなく、今後のニーズの高まりは、社会環境の変化や、提供する側のイノベーションにより変化していきます。

例えば、非LGBT層の教育・資格関連への支出の多くは、子供への投資として当てられているケースが想定されます。現時点の日本では、まだまだ子育てに取り組むLGBT層は少ないのが現状のため、非LGBT層よりも高い支出傾向は現れていませんが、同性同士の子育ては欧米では徐々に浸透してきています。新たな家族の形の一つとして、企業の広告表現などでも描かれているのです。

２０１７年には国内でも初めて、大阪市で男性同士のパートナー関係にある2人を、養育里親に認定した事例が出てきました。こうした社会変化により、教育・資格関連の支出などが増加することは想定できるのです。ＬＧＢＴのライフスタイルでは利用しづらかったカテゴリーの商品やサービスが、企業側がイノベーションを起こすことにより、これまで発生しなかった消費として生み出されることは十分にあり得ます。

このような状況から、親和性が高い商品・サービスのカテゴリーは存在しているということ、また、現状高いとは言えないカテゴリーにおいても、企業側の取り組み方によっては、新たな需要開拓は可能であることが言及できます。

〈実践〉既存商品・サービスの見直し

ＬＧＢＴをターゲットとして捉える場合の手法として、企業がすぐに取り組むことができるのが、自社商品の見直しです。これは男女二元論で構築された商品・サービスを、男女に区切らない形に再構築し直すことで可能になります。

現在、多くの企業が取り組み出しているのが、この対象者拡大の手法です。従来のターゲットに加え、ＬＧＢＴも利用できるという価値提供の幅を拡大するものです。例えば、ここ数年、保険会社や銀行などでは、ＬＧＢＴにも活用できる保険商品や金融商品などの開発が取り組まれています。保険商品であれば、一定条件を満たせば死亡保険金を同性パートナーでも受け取れるように改善したり、住宅ローンの借り入れにおいて、同性同士のパートナーでも収入を合算して申告できるように変更するなど、企業の取り組みは既に始まっているのです。

取り組みステップとしては非常にシンプルですが、自社商品やサービスに対してＬＧＢＴの目線を通すことから始まります。世にある多くの商品・サービスの多くは男女のいずれかでマーケティング戦略が設計されています。

まず、既存商品・サービスのターゲットがＬＧＢＴだった場合の想定を行い、ターゲットをＬＧＢＴとして考えます。提供している商品やサービスをＬＧＢＴのユーザーが利用するにあたり、興味喚起や購入促進において、いったい何が障壁となるのかを想定するのです。

例えばプロダクトベースで考えてみましょう。ドラッグストアで人気の男性化粧品があったとします。一定の男性層を獲得している商品で新たな市場拡大を狙えるポジションの商品だったと仮定します。はじめに、ターゲットを精緻に見直してみましょう。単純に「身体性＝男性」と考えていても、性的指向や性同一性（性自認）の知識を念頭に見直してみると、様々な課題解決が可能です。

例えば、男性＝黒、青など既存イメージによるラベリングなどでパッケージができていないか、男性なら情緒価値より機能価値訴求という提供価値整理をしていなかったか、などが挙げられるでしょう。広告コミュニケーションにおいては、例えば「女性にモテる」というような「男性＝女性が相手」となっていないかを見直すことも挙げられるでしょう。

こうした提供価値から広告表現など、あらゆる点の見直しを行うことがファーストステップになります。男女二元論の見直しは、LGBTに「自分たちに企業が向いてくれている」「自分のニーズに応えてくれる商品だ」と認識してもらうためには重要なのです。自社のコントロールではなかなか難しい領域ですが、流通面のネガティブはないかどうか、といった再検証も必要です。

こうした見直し作業の次のステップとして、再検討や改善プランを検討したアイデアを実際にLGBTの目を通してみることが重要です。当事者視点に勝るものはありませんし、当事者ニーズをダイレクトに知ることができる最適な方法です。LGBTの方と、広くお話ししていますが、マーケティング上はL、G、Bかもしれませんし、Tかもしれませんので、その際にはターゲットとして捉えるセグメントの当事者の意見を抽出しましょう。これらを汲み取りながら、今度はLGBT以外の従来ターゲットの反応も再検証していきます。

LGBTに向き合うことは重要ですが、LGBTのみに対象が絞られていては意味がありません。従来のターゲットを含めて、セクシュアリティに関わらず利用できる提供価値となっているのかを確認し、提供を開始していくことが重要なのです。これはプロダクトに限らず、サービスなどにも該当します。

過去、ホテルチェーンの方から、欧米からのインバウンド需要を拡大すべく「LGBTにも利用しやすいサービスに改善していきたい」と相談を受けました。その企業においては既に、従業員から現場職員までLGBTに関する理解を目的とした研修を既に実施していました。知識はあるものの、どう対応していいのか分からないとのことでしたが、先述の通り、既存の提供サービスの見直しがファーストステップとなります。

まず初めに、ホテルのスタッフと共に、予約過程からチェックイン、チェックアウトまでを見直します。予約サイトには「カップル限定プラン！ 貸切露天風呂45分＋15分」という文字と、男女のイラストがありました。説明文章にも「男女」という表現があり、それ自体が特に悪いものではないのですが、これを見たLGBTは「男女限定か」と誤解するかもしれないと、スタッフの方たちは気が付いたそうです。

またアメニティなどを含めて、男性用と女性用のバスローブなどがマニュアル通りに用意されていたものも変更が必要と判断したり、サービスの様々な点について、男女二元論で設計されていないかを見直しました。次に当事者の目線を通すため、実際に覆面調査を実施しました。当事者の調査員2名が実際に宿泊し、予約からチェックアウトまで含めた検証を行い、改善アドバイスを行うというものです。これにより、事前の検証では気がつかなかったプライバシーに関する導線設計などへの意見を得ることができ、サービスの質を高めることが可能となりました。

こうした取り組みに対し、最後にアンケートサイトを活用したLGBT以外のお客様の反応を検証する調査を実施し、サービスの改善案は無事に導入されることになりました。そのホテルチェーンは、その後、海外のLGBT向けのプロモーションを実施していくことを決めたそうです。

〈実践〉ＬＧＢＴの感性を活かしたイノベーション創発

これを応用すると、新規商品やサービスの開発を実現できます。既存の商品をカスタマイズするのではなく、ＬＧＢＴのニーズから商品を発想していくのです。

Ｌ、Ｇ、ＢやＴには、それぞれに異なるライフスタイルがあります。そうしたライフスタイルだからこそ気がつく、非ＬＧＢＴでは気がつかない発想や感性を抽出し、従来の価値観で生まれなかった商品やサービスを開発していくというものです。これは決してＬＧＢＴ向けの商品を開発するというものではなく、従来の価値観では生み出されなかったものを、新たな視点で発想していくマーケティングプロセスとも言えます。

このプロセスにおいて重要なことは、商品・サービス起点ではなく、生活者（＝ＬＧＢＴ）起点でターゲット分析を開始します。ＬＧＢＴのライフスタイルや、消費における意識行動、購買における選択軸や、興味関心ごとは何かを徹底的に観察していく必要があります。

この行動観察から始める手法は「エスノグラフィー」という文化人類学の考え方をベースにしていきます。そもそも、エスノグラフィー（Ethnography）とは「未知を観察し描く」ということで、ギリシア語の「ethnos; 人々」＋「grapehin; 描く」という語源から成り立ちます。マーケティング手法としては、生活者の生活や行動を観察・理解し、インサイトを描写するための調査手法といえます。

調査対象である人・グループと、できるだけ生活や行動を詳細に観察し、事後のヒアリングを欠かさず行っていきます。これは数回のグループインタビューやデプスインタビューなどの短期的な情報収集ではなく、包括的に思考・行動パターンを理解するための重要な過程です。

その目的は、結論が想定できるものや仮説が出ているものに対して検証することではなく、アイデア発想の起点となる機会領域を見つけ出そうとすることにあります。行動観察中は、対象者の日常通りの行動を観察することを徹底します。これにより「想定外」の機会領域の発見も可能になります。

アイデア発想の起点となる機会領域を発見した後に、それらが調査対象者以外にも当てはめられるのかを、定量的・定性的に調査して判定し、その機会領域に可能性がある場合、その機会領域を活かした商品・サービスの開発を始めていくのです。

こうしたエスノグラフィーの手法を用いたマーケティングにおいて適切な対象者となるのが、既存の価値観に捉われず、想定しなかった行動や、商品やサービスとの接し方を行うユーザーです。ここにLGBTを設定します。できればきちんとセグメンテーションし、どのセクシュアリティを対象とするかを決めるのが好ましいでしょう。LGBTならではの視点で、LGBTならではのニーズを基に、価値開発を行うことが重要です。

例えばファッション領域で商品開発を行うならば、消費意識や消費行動に極端なほどにファッション関与が高いセクシュアリティを選択して対象者を抽出します。旅行商品ならば、高い旅行関与の対象者を選択します。なるべく「一般的」ではなく、マジョリティから逸脱するほどの高関与層を狙います。

既存の商品・サービスでは自身のニーズを満たされない対象者を抽出することにより、商品開発担当者が商品・サービスを発想するのではなく、ユーザーである対象者が発想をしてくれるのです。こうした手法は、エクストリームユーザー・マーケティングに近いものがあります。

エクストリームユーザーは、既存の価値に対して、独自の感性で商品やサービスを活用します。LGBTが、既存の提供価値に満足できず、新たな活用方法を行っているところからビジネスを開発していくことができれば、LGBTの感性を活かしたイノベーション創発が実現するのです。

行動観察によってLGBTならではの機会領域を発見し、LGBT以外への活用方法を検証しながら、LGBTコミュニティと共に協働した市場創造こそが、真のLGBTマーケティングと言えるかもしれないでしょう。

LGBTをインフルエンサーとして捉えるマーケティング

さて、LGBTマーケティングは商品やサービスなどの提供価値の構築にとどまりません。LGBTとマーケティング上で向き合うにあたっては、プロモーションや販促領域にも活かすことが可能です。LGBTの情報感度は高いことは述べてきました。またイノベーター気質であり、新しい商品やサービスの早期導入者となることから、LGBTをインフルエンサーとして捉えることには、大きな可能性があると考えられます。

一般的に、これまでのマーケティングでは、企業はメディアを通じ、ターゲットとなる生活者へ情報発信をするマーケティングアプローチが主流でしたが、メディア環境の変容から、インフルエンサーを介してターゲットコミュニティへと情報を拡散するコミュニティアプローチへの注目も非常に高まっています。

こうした手法でアプローチするインフルエンサーマーケティングでは、ターゲットコミュニティに強い影響力を持つインフルエンサーに、企業の商品やサービスを実際に利用してもらい、そのプロセスを、SNSなどを通じて拡散させていくことが一般的な手法です。またインフルエンサーは、ターゲットコミュニティにとって共感性の高いコンテンツを生みだしてくれるため、コミュニティに対する企業の商品やサービスがより浸透し、エンゲージメント（ブランドとユーザーとの絆）を強めることもできます。

このインフルエンサーマーケティングで狙うべきターゲットコミュニティをLGBTコミュニティに設定していきます。LGBTコミュニティを情報拡散の起点し、LGBT以外のマスに効率的に拡散することができれば、企業はそのマーケティングスピードを加速させ、商品やサービスの普及コストを軽減できるからです。

では具体的に、どのようにこれをドライブさせていけばいいのでしょうか。このマーケティング手法にはいくつかの工夫が必要です。ひとつはLGBTのインフルエンサー選定です。企業がLGBTに向き合うと言っても、最初は影響力があるLGBTが誰なのか分からないのは当然です。狙うべきコミュニティは、どのセクシュアリティなのかを、消費意識や消費傾向のデータと照らし合わせながら、その企業が発信する商品やサービスに可能性があるセクシュアリティを決定します。

次に行うのはそのセクシュアリティのコミュニティにおけるインフルエンサーの探索です。例えば、ゲイコミュニティにおいては、GOGO BOYと呼ばれる筋肉質でマニッシュな人や、DRAG QUEENと呼ばれる異性装を行うフレンドリーな人等、アイコンとなる存在がいます。他にも、各セクシュアリティのコミュニティにおいて、一定の認知や信頼が置かれているインフルエンサーが存在しているのです。

これは、企業が一生懸命探しても見出すことは困難なため、専門のエージェンシーや、当事者コミュニティに情報探索を依頼するしかありません。当事者コミュニティにおけるインフルエンサーの確保は、LGBTコミュニティにアプローチするにあたっては重要です。

L、G、BやTは、それぞれにコミュニティがありますが、同じセクシュアリティ同士のコミュニティのつながりは、マイノリティであるがゆえに、非常に結束力も強く、情報の拡散スピードや、その情報に対する信頼度も高くなります。それぞれのコミュニティにおける情報拡散のキーパーソンとなるインフルエンサーを捉え、一気にターゲットコミュニティへ情報拡散を図っていくことが最善です。

次に、LGBTコミュニティのみで情報を最大化させるタッチポイント設計も重要です。企業側の情報発信はインフルエンサーのみに頼るのではなく、同時にコミュニティ全体への情報発信が必要です。より多角的にコミュニティに情報発信できるようにメディア戦略を設計し、情報拡散のスピードをあげていきます。

例えば、LGBTが集まるタッチポイントに情報発信することや、LGBTを集めるタッチポイントを創り出すことなどが挙げられます。前者であれば、各セクシュアリティに、セグメントメディアが存在しています。ゲイメディア、レズビアンメディア、バイセクシュアルメディア、トランスジェンダーメディアなどコミュニティの情報源となるメディアに発信していくことは重要なアクションです。

また、デジタルメディアのみならず、リアルなタッチポイントにアクセスすることも選択肢のひとつかもしれません。当事者が集まるコミュニティタウンでの情報発信などもひとつの手法です。欧米諸国では、LGBTの各セグメントメディアに、ラグジュアリーブランドや、大手の飲料メーカー、航空会社や旅行会社などの広告出稿などが当たり前に行われています。またファッションアパレル大手が、ゲイコミュニティにおけるデートアプリなどに広告出稿するなど、こうしたコミュニティ特有のメディアへの情報発信は非常に有効です。

国内でも既に、LGBTに対して、大手企業がSNSでフォロワーターゲティング広告を出稿するなどのチャレンジも始まっています。このように、どのタイミングで、どのセグメントメディアでLGBTコミュニティへと情報発信していき、コミュニティ内で話題化のヤマ場をどこで持ってくるのか、マスへとつなげるメディアは何が適切なのか、などを設計し、綿密に設計していく必要があります。

そして、タッチポイントの設計と同時に、提供価値の訴求メッセージとなる表現の工夫も必要です。正しい知識の理解が進んでいれば問題ないのですが、誤った表現を利用した場合は大きなリスクを背負うことになります。表現開発においても、多様なセクシュアリティに寛容な表現であることを確認するようにしましょう。

これはあくまで前提であり、ＬＧＢＴの関心を引く表現やコピーなどもあります。ＬＧＢＴフレンドリーや多様性の象徴である虹色のレインボーをあしらった「支援表明型」、当事者にしか分からないサインを組み込んでいくことでＬＧＢＴから「あ、この企業、分かってる！」と気づかせる「アイコンタクト型」、家族のあり方などを男女二元論にしない「脱男女二元論型」など、表現の作り方は様々です。

社会の理解促進状況との兼ね合いの中で、マスを使ってコミュニケーションする場合や、ダイレクトにターゲティングしたコミュニケーションを行う場合などによってこれを使い分けていきます。具体的な使い分けについては、次の章で具体的な事例を解説していきます。

この章のポイント！

☑リスクヘッジではなく、マーケティングチャンス
LGBTを正しく理解した企業は、
収益につなげる向き合いが可能になる

☑ターゲットとして捉えると、一見、魅力的
世界には4億5000万人のLGBTが存在し、
その消費規模は約400兆円近くにものぼる。
しかし、L/G/B/Tはそれぞれ異なるため
単純に一括して捕捉できるものではない

☑インフルエンサーとして捉えることにチャンス
LGBTの情報特性「情報発信力」を活かし、
市場におけるイノベーター層として捉える。
新しい商品やサービスを、マスに拡散して
もらえる可能性をもっている

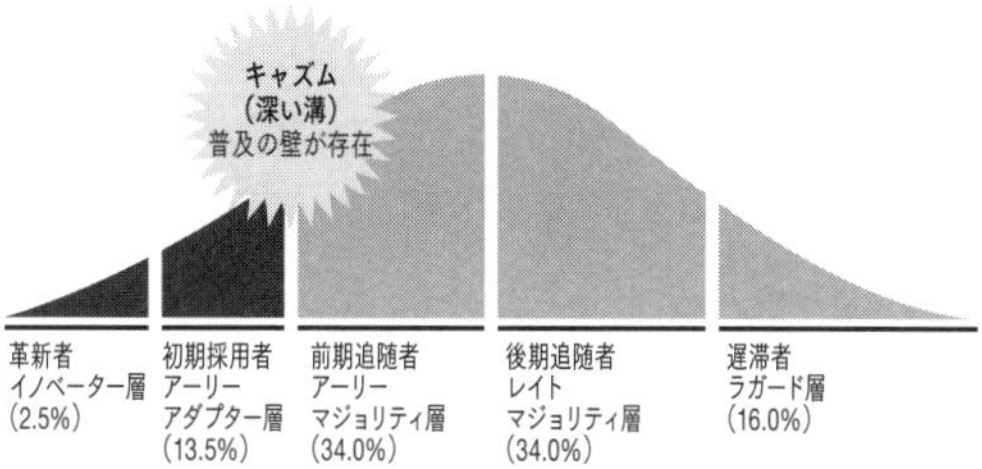

☑「LGBT向け」商品・サービスは成功しない
国内の社会環境は、まだまだ理解が進んでいない。
LGBT向けと銘打ってしまうと、利用者の
カミングアウトにつながるため、成功しない

第5章

事例から学ぶＬＧＢＴへの取り組み

1 職場における当事者の抱えるストレス事例と対応方法

【ケーススタディ①】コーヒーマンデー

職場における、プライベートに関する日常会話は、LGBTにとって悩みの種になるケースがあります。例えば月曜日、どんな週末を過ごしたかという会話は日常的なことで、職場内のコミュニケーションを円滑にする必要な会話かもしれません。週末はどんな過ごし方をしたのか、いったい誰と過ごしていたのか、といった日常会話を、コーヒー片手にシェアし合うのです。

そうした会話の中で、カミングアウトしていないLGBTの従業員はストレスを感じます。真実を話すことによって、自分のセクシュアリティがバレてしまうため、仕方なく嘘をつくのです。「ガールフレンドと映画を見に行っていました」（本当は同性のパートナーと自宅でくつろいでいたけれど……）

欧米では、これをコーヒーマンデーと呼ぶそうです。小さな嘘は毎週続きます。「この前話していた、君のガールフレンドはどんな人なの？　写真見せてよ」などと言われようものなら大変な事態です。「結婚しないの？」という質問も飛び交います。LGBTはそうした小さな嘘を重ね続けていくことになります。

嘘が重なると、真実はより明らかにしづらくなります。仮にカミングアウトしても大丈夫そうな相手でも、今まで嘘をついてきたことを責められかねません。こうしてLGBTはコーヒーブレイクでも、一所懸命に嘘を重ね続けているのです。これは職場の組織作りにおいても重要な人間関係、信頼関係に影響しかねません。

【対応例】では、どのように対応したらいいのでしょうか。こうしたプライベートに関する日常会話が決して悪いわけではありません。重要なのは男女二元論で会話しないように周囲が配慮する職場環境を構築することなのです。多様な性の在り方があるという前提の職場づくりをしていくことが解決のポイントです。

例えば、男性の相手は女性、女性の相手は男性という異性愛が前提となる「彼氏」「彼女」という言葉を「パートナー」などに置き換えることも一つでしょう。「結婚して当たり前」という価値観を押し付けないことも重要です。特に日本においては同性同士の婚姻関係は定められていません。婚姻関係を結べない人もいるということを前提にすれば、その会話に配慮が生まれるでしょう。多様な価値観を想定し、会話にのりしろを持たせるコミュニケーションを心がけましょう。

【参考】当然のことながら、差別的言動は決して許されません。具体的に避けた方がいい言葉や会話を覚えておきましょう。

●男性同性愛者を「ホモ」「オカマ」「オネェ」と呼ぶことは避けた方がいいでしょう。これらの言葉は侮蔑的ニュアンスを含むと判断されます。特に「オカマ」や「オネェ」は、男性なのに女性的な性役割や性表現をしているという意味合いを含んでいます。

男性同性愛者にも、男性らしい人もいれば、女性らしい人もいます。メディアなどで自称する芸能人やタレントも存在していますが、あくまで自分を卑下した表現だと考えましょう。当事者による自称は許されますが、当事者以外に他称されることは、非常に不愉快に捉えられます。

●女性同性愛者を「レズ」と訳されることは侮蔑的と捉えられるケースがあります。これはメディアにおける扱われ方で、歴史的に「ホモ」と同様に侮蔑的な文脈で利用されてきたからです。また男性向けポルノグラフィにも多用された言葉であり、俗語として不快に感じ取られることが多いため、一般的に他称されるものではないとされています。

●両性愛者に対して「両刀使い」「どちらもいける」などという発言は不快に捉えられます。そもそも「両刀使い」という言葉は性行動の嗜好性に関わる話で、好きになる性である性的指向の話ではありません。相手のプライバシーに踏み込んだ失礼な発言となります。また両性愛者だからといって同時に両性を好きなわけではありません。

●トランスジェンダーを「性同一性障がい」と決めてはいけません。また「ニューハーフ」「男女（おとこおんな）」や「女男（おんなおとこ）」も侮蔑的表現にあたります。身体性と性同一性（性自認）が一致しないことと、性別移行手術の意向の有無は無関係です。生まれた時の性と自認する性が一致しない、ありのままの状態に悩みながら、最終的な自己判断として、その状態を受け入れて誇りに感じている当事者もいます。

また「ニューハーフ」という言葉は俗語であり、職業ネームとして利用されることも多いため、セクシュアリティを表すものではありません。

【ケーススタディ②】就職採用面接でのカミングアウト

新卒の就職採用試験の面接において、受験者からカミングアウトされるというケースが実際にありました。通常の面接過程を経て「最後に質問はありますか？」と問いかけた際、受験者の学生から「自分はゲイなのですが、御社ではLGBT等の対応はどうなっていますか？」という質問が来ました。ゲイと自称する人間を初めて目の前にした面接担当者は動揺してしまい、自社の取り組みについてうまく答えられず「特に差別などはありません」と回答するにとどめました。

その際、従業員として働いている会社のことを分かっていないことが恥ずかしくて、気まずい雰囲気になってしまったそうなのですが、まるで相手のセクシュアリティを見聞きしたことに対して気まずい空気になってしまい、後日、学生から会社にクレームとなってしまったというケースです。

【対応例】自社の採用試験の応募者にLGBTの方が来るケースは稀だと感じる方もいるかもしれません。しかしながら、どの会社の応募者にも必ずLGBTや性的マイノリティの方は存在しています。単純にカミングアウトしていないだけで、目に見えていないだけなのです。

ここに挙げた例は、偶然カミングアウトされたケースとなります。今後、多様性を尊重する社会に変化していくことで、公言される方も増えてくるかもしれません。初めてLGBTの方を目にした際でも、うろたえてはいけません。相手のセクシュアリティに対して態度を変容させたと捉えられるケースもあり、こうした際、応募者は傷つきますし、企業イメージも損なってしまいます。他の応募者と同様の態度で接することが望ましいのです。

また、採用面接において、いまだに結婚や子育てに関する話題が出て来るケースがあります。もちろん、応募者側からの会話であれば致し方ないのですが、仮に応募者がＬＧＢＴであった場合、結婚や子育ての機会がないので、こうした話題は避けた方が好ましいと言えます。

昨今ではセクシュアルハラスメントとして扱われるケースも出て来ているので、こうした話題は慎重な取り扱いが必要です。また、男らしさ、女らしさについての言及も同様に控えた方がいいでしょう。男性だから男性らしくある、女性だから女性らしくある、といった価値観の提示は、思っていても他人に強要するものではありません。

トランスジェンダーの方の応募者がいた場合は、応募書類の名前・性別が、見た目や仕草、言葉遣いなどの性表現と一致しないケースがあります。こうした際、過剰な特別扱いをする必要はありません。セクシュアリティに関する申し出や質問がない場合、面接担当者側からセクシュアリティについての質問をしないようにしましょう。相手がシスジェンダーだった場合、「あなたはシスジェンダーのようですが～」といった会話をしないのと同様に、セクシュアリティはプライバシーに関わる話なので、問いかけることはマナー違反です。

また、名前や性別欄と見た目が異なるだけで決めつけていることも失礼に当たります。その他、性別適合手術を望むかどうか、性同一性障がいの診断書があるのかなども同様に、当事者側からの申し出がない場合は、採用過程においては聴取しないことが望ましいと言えます。あくまで他の応募者と同様に接し、セクシュアリティが採用の可否に影響しないように配慮しながら面接に当たる必要があります。

【ケーススタディ③】カミングアウトしたくないLGBTは多い

レズビアンであることを職場では隠しながら働いている従業員の方がいました。仕事とセクシュアリティは無関係であるという本人の意思で、職場では一切公言せず、仕事ぶりで評価をされたいと熱心に仕事に取り組み、会社内でも高い評価を得ており、重要な仕事を任されていた方でした。仕事を終えたプライベートでは、同じセクシュアリティの限られた友人と過ごすことで充実した毎日を過ごしていたと言います。

ある時、会社でダイバーシティ研修の一環として「LGBT研修」が実施されました。研修内で「LGBTのアライ（同盟者）になろう」「そうすればカミングアウトしやすい職場環境になる」「積極的に受け入れましょう」と言う内容が色濃く、とまどったと言います。

本人からすれば「そっとしておいて欲しい」という気持ちが強かったようです。

研修に来ていた講師の方がレズビアンであることを公言していたそうですが、ある時、職場仲間の1人が「LGBT研修の講師と似た雰囲気だね。結婚もしていないし、男性の話もしないし、もしかしてレズビアンなの?」と言われ焦ったそうです。その場では否定したもののの「カミングアウトしていいからね、私は全然そういうの大丈夫だから」などと周囲から言われ、大変腹が立ったそうです。

カミングアウトしたい人がカミングアウトできるのはいいことですが、カミングアウトしたくないのに、カミングアウトを誘導されるような職場になっていくことに強い違和感を覚えたそうです。結局、社内で噂されるようになり、セクシュアリティと無関係に仕事に取り組みたかった彼女はその職場では働きづらいと判断し、転職することを決めたそうです。

【対応例】実はカミングアウトしたくないLGBTは多く存在します。自分なりに、仕事とプライベートのバランスをとって生活している人も少なくありません。本来的な研修の目的は、LGBTが、セクシュアリティを問われない職場環境の構築が正しいと言えます。

意外に多いのですが、企業の人事担当者から「研修やLGBT対応の効果が目に見えない」という声を聞きます。当然ながら研修や制度整備にコストがかかっているので、統括部門や社内的に効果を求められることは理解できるのですが、指標を「カミングアウト数」や「アライ（同盟者）数」などに設定すると、本来の目的とはかけ離れたものになってしまいます。

このケースのように、会社による遠回しのアウティング行為や、職場内での魔女狩り的な詮索、セクシュアリティ公表への誘導を行ってしまうなどという事態に陥り、逆効果の取り組みになりかねません。そっとしておいて欲しいという人がいることを意識しましょう。

セクシュアリティについて正しい知識の習得や理解の増進は非常に重要ですが、カミングアウトができる職場を目指すのではなく、カミングアウトの必要のない職場づくりを心がけましょう。

2 マーケティング事例

国内事例――顧客サービス向上プロジェクト（ANA）

旅行業に携わる企業は、世界各国の多様なセクシュアリティに対応しなくてはなりません。日本政府は、「観光先進国」への新たな国づくりに向け、訪日外国人の目標を2020年には4000万人と掲げています。

IGLTA（国際ゲイ・レズビアン旅行協会）によると世界のLGBT旅行者は約5600万人にものぼり、その市場規模は推計2000億ドルと推計されています。こうした市場環境の中で多様なセクシュアリティに対する正しい知識と理解を持つことは、グローバルのマーケット開拓において非常に重要なファクターです。

職場環境同様、LGBTは旅行体験においても、何か特殊な商品やサービス環境を望んでいるわけではなく、理解ある安全な環境を重要視しています。あらゆる顧客接点において、セクシュアリティに関わる対応を、いかにスマートにできるかを検討していくことは、顧客満足度の向上に向けた重要な取り組みとなります。こうした取り組みを、ANAグループでは、グループ横断型のプロジェクトとして開始しています。

ANAの場合、2015年4月にダイバーシティ宣言を発表。文化、言語、年齢、障がいの有無などを問わず、多様なお客様に向けたサービスの点検や設計・企画を推進していました。2016年6月には、LGBT対応に関する基本指針を策定し、「ANAのLGBTへの取り組みについて」というプレスリリースを発信。インナー施策として、社員向け相談窓口の設置や福利厚生制度への対応、社外向け施策としてマイレージサービスにおける同性パートナーの登録が可能になることや、多目的トイレのサイネージにレインボーサインを掲示することを発表しました。

実際、同年10月には役員向けの研修を実施し、11月に社内相談窓口を開設、2017年1月には就業規則を改定し、申告のあった同性パートナーに対して、法令の許容する限りにおいて会社制度上の配偶者として取り扱う旨を明記しました。こうした迅速な社内整備に加え、あらゆるお客様接点において、いまだに気づいていないかもしれない機会領域を発見し、顧客体験を向上するためのプロジェクトを2017年8月より開始しました。

このプロジェクトは、ブランド戦略策定部署が事務局を務め、ANAグループ横断の様々な部門や担当者からメンバーを構成。カスタマーサービスに関する部門や人事部門などに限らず、商品戦略、客室乗務員（CA）、空港関連、旅行商品、広告宣伝に関する部門など多岐にわたるところからメンバーが集まり、多様なセクシュアリティと旅に関わるあらゆるポイントで、ポジティブ・ネガティブな機会を発見することから開始しました。

初めはL、G、B、Tとの直接対話を行いました。各セクシュアリティの当事者と共に、カスタマーエクスペリエンス視点で、旅行のあらゆるシーン別に、サービスを点検し、改善をすることに意識を持ちながら、コミュニケーションを図ります。

セクシュアリティの基礎的な話から、日常生活、旅行など様々な当事者ならではの体験や感情を直接知る機会を設けました。また、旅行におけるANAブランドとの接点についても、サービス向上もしくは改善の可能性を探るためのディスカッションを同時に行ってきました。ここでは、旅行の検討段階から、予約、空港到着、チェックイン、保安検査、搭乗前、搭乗後の機内、到着後の宿泊、旅の最終日、その後、旅を思い出すタイミングまでにまたがる、あらゆるポイントでの、当事者意識や行動をヒアリングしていきます。

ANAグループのLGBTシンボルマーク
※実際は6色のレインボーカラーで表現されています

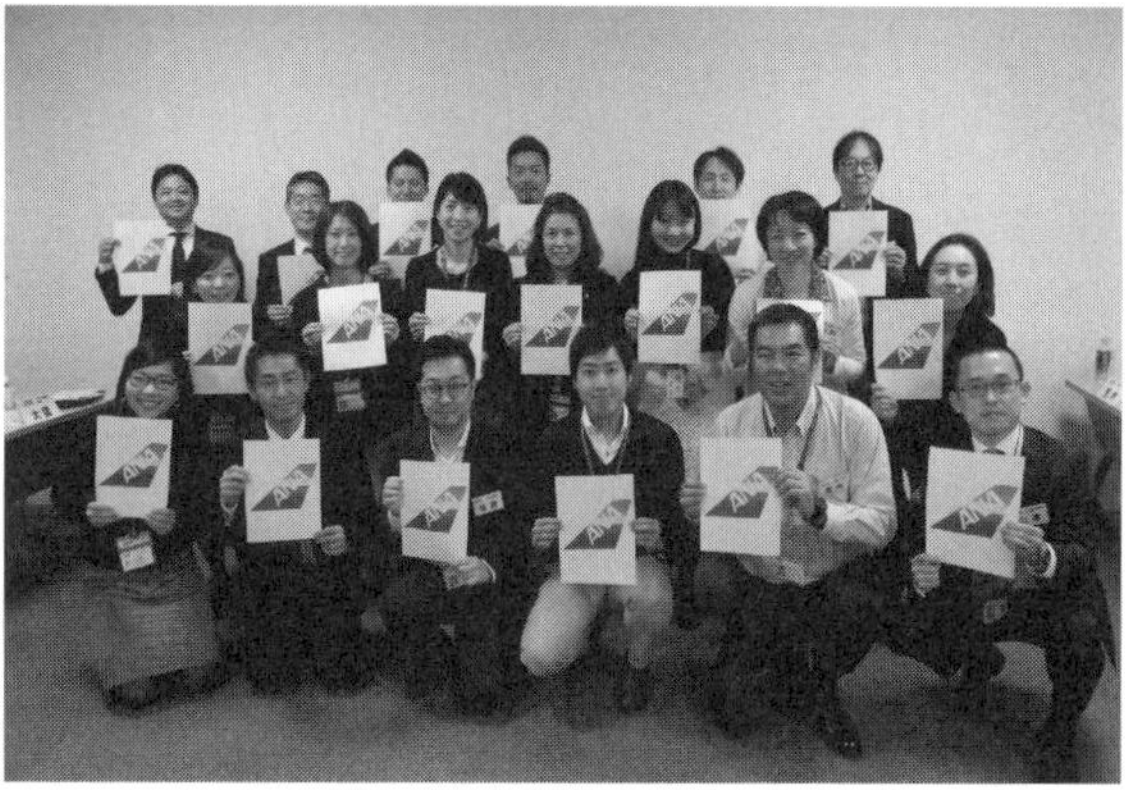

プロジェクトチームは様々な部門により構成されている

こうしたヒアリングを基に、施策アイデアを各部門から持ち寄り、定量調査にて、再確認していきます。実際に、各セクシュアリティ別に聴取をすることで、それぞれの視点で様々なアイデアが発想されます。

例えば、トランスジェンダーの人から、CAが写真入りの機内食の案内シートをお客様にお見せしてオーダーをうかがっていることに対し、高い評価がありました。この理由を深掘りしていくと、性別移行される方の中で、声が元の身体性のままの声だと、CAとの会話が周囲に聞こえた場合、周りからセクシュアリティを察知されてしまいますが、シートがあれば声を出さなくても指をさすだけでオーダーができます。こうした些細なことにも不安を感じるという、トランスジェンダーならではのストレスがありました。このように、「声を出さずに指差しで意思表示できるツールは非常にありがたい」という、当事者でなければ気が付かなかったポイントの発見は、非常に貴重なアイデアとなります。

ここから、食事に限らず、飲料などにおいても同様ではないかと考え、声を出さなくてもオーダーができるように、ＭＥＮＵカードの活用や飲み物の客席への持ち回りをさらに促進することや、新たなオーダーの仕組みを導入するなどのアイデアにつなげていくことを検討し始めました。あくまで一例ではありますが、こうした当事者のインサイトの探索が、新たな対応サービス強化につながっていくのです。

こうしたプロジェクトにおいては、解決すべき困難の洗い出しに必死になりがちなのですが、高い評価を得ている取り組みの抽出も欠かしてはいけません。高い評価の裏側には、当事者ならではの隠れたインサイトが潜んでいます。課題解決型のアイデアのみならず、ポジティブに感じるポイントなどにも着目し、これを機会発想型のアイデアにつなげていくことも重要です。

２０１７年8月から3ヶ月間で、ＬＧＢＴそれぞれの当事者とディスカッションした後、今度は定量的に評価をしていきます。N数として少ない当事者の声の再確認を定量的に行い、仮説として上がったポジティブ・ネガティブのポイントを再確認、さらには、具体的にメンバーから集まった施策アイデアへの反応などを定量調査にかけていきます。

すべての施策を実施することが望ましいものの、優先順位を整理するためにも、高い評価順に施策実施につなげていくようにします。この際、ＬＧＢＴ当事者のみに対して定量調査を行うのではなく、非ＬＧＢＴ層の方々にも調査を同時に実施しました。これにより、提案

図表5-1　ANAプロジェクト進行フロー

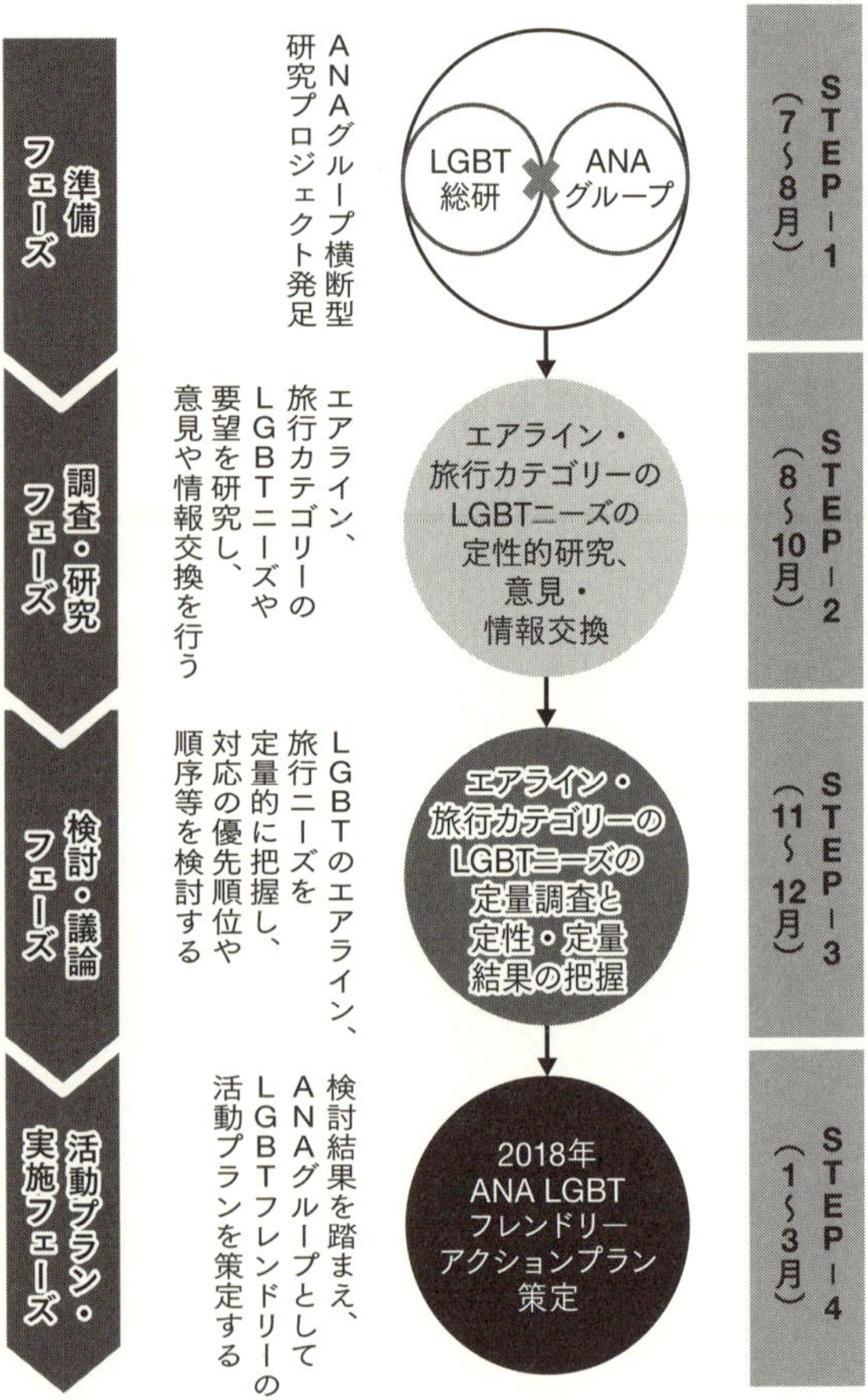
STEP-1（7～8月）
LGBT総研
ANAグループ
ANAグループ横断型研究プロジェクト発足
準備フェーズ
STEP-2（8～10月）
エアライン・旅行カテゴリーのLGBTニーズの定性的研究、意見・情報交換
エアライン、旅行カテゴリーのLGBTニーズや要望を研究し、意見や情報交換を行う
調査・研究フェーズ
STEP-3（11～12月）
エアライン・旅行カテゴリーのLGBTニーズの定量調査と定性・定量結果の把握
LGBTのエアライン、旅行ニーズを定量的に把握し、対応の優先順位や順序等を検討する
検討・議論フェーズ
STEP-4（1～3月）
2018年ANA LGBTフレンドリーアクションプラン策定
検討結果を踏まえ、ANAグループとしてLGBTフレンドリーの活動プランを策定する
活動プラン・実施フェーズ

する施策への賛同度合いを、ＬＧＢＴ層および非ＬＧＢＴ層に判定してもらい、優先順位の判定の一助として検討する材料にしていきます。

こうした結果を基に、２０１８年度の更なるサービス向上や改善のための施策につなげていくことが、今後の取り組みとなっていくのです。このように、対話の開始から、機会領域の発見・アイデアの発想につなげ、定量的な評価を実施しながら、実際に取り組むべき施策の順位を決めて、ロードマップづくりを行い、具体的なアクションとしてサービス改善、サービス開発につなげていくことが、理想的なＬＧＢＴとの向き合い方の一例となると言えるでしょう。

国内事例——新商品プロモーション（Panasonic Men's Grooming）

マーケティング視点で取り組む企業も少しずつ増えてきています。パナソニックメンズグルーミングのチャレンジは、国内初のＬＧＢＴマーケティングとも言えるでしょう。

パナソニックメンズグルーミングは、２０１７年5月に新商品「ボディトリマー」という商品を発売しました。同商品は全身の体毛をなで剃りできる防水設計の理美容機器で、固定

ボディトリマーER-GK60

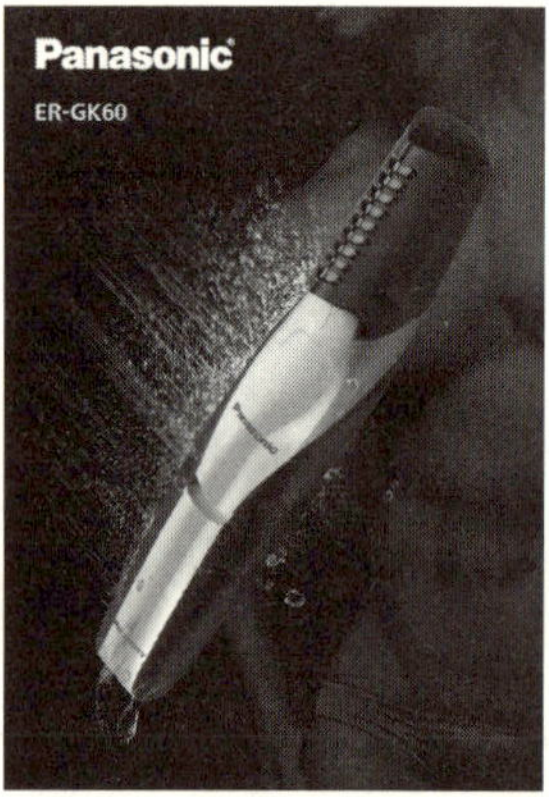

左記のパッケージ画像

刃の工夫により、肌に直接刃が食い込まず、最大0・1㎜の短さまで剃れるボディー用トリマーです。

従来の髭剃りやT字カミソリとは異なるV字ヘッド型の同商品は、男性美容機器ではあまり注目されていなかったVIOゾーンというアンダーヘアの密集するデリケートゾーンまで安全にケアできる商品として、美容感度の高い男性をコアターゲットとして開発された商品です。同商品はLGBTの中でもゲイやバイセクシュアル男性にもニーズが高いと予測されます。

当事者の視点を踏まえながら、商品の提供価値を精査し、セクシュアリティに関わらずに響く訴求をすべく表現開発を行い、タッチポイントも

LGBT向けと、LGBTを含むマス向けを意識したコミュニケーション設計を行い、想像を上回るヒットを生み出すことに成功しました。

ファーストステップでは、LGBTの理美容関連商品のスタディから始めました。LGBTそれぞれのセクシュアリティが、理美容商品をどの程度購入するのか、どの部位のケアに感度が高いのか、商品購買における重視点、商品選択における接触メディア状況などをブランドのマーケティング担当者とスタディし、「知る」ことから始めていきます。定量調査に基づき、市場におけるニーズの可能性を確認した上で、実際にLGBTの中のゲイ層とバイセクシュアル層をコアコミュニケーションターゲットとした戦略構築を始めます。

セカンドステップでは、表現開発の検討を行います。ゲイ層、バイセクシュアル層に定性的なヒアリングを行い、複数の表現を開発してヒアリングしては精緻化していく流れで行います。パッケージ開発においては、そのトーン&マナーや、モデルの選定、提示する肉体の理想体系などを含め、表現をコントロールしていきます。

また、広告表現においては、通常のクリエイティブの方向性よりも幅をもたせ、コピー、グラフィックなどを当事者の目を通した調査を重ねます。レインボー色が入ったクリエイテ

図表 5-2　パナソニックメンズグルーミングの
プロジェクト進行フロー

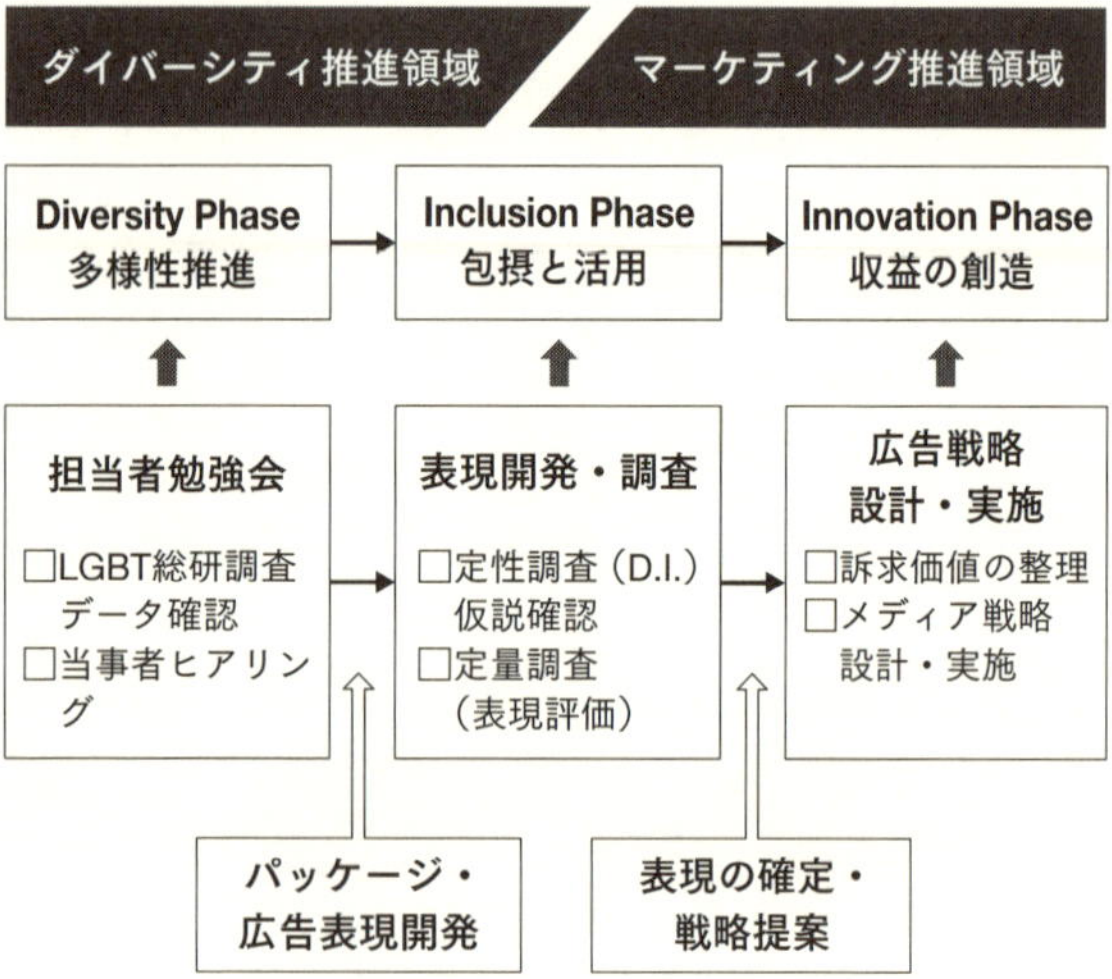

ィブがいいのか、肉体美にこだわったベネフィットを想起されるものがいいのか、商品の機能性に特化した訴求がいいのかなど、かなり幅広い方向性を確認していきます。

当然ながら、ゲイ層とバイセクシュアル層のみに響く表現では、マス全体に波及することは望めなくなる可能性があるため、マスに対する反応も含め検証していきます。ゲイ層、バイセクシュアル層、マスの両方向に賛同が集まる訴求方向のクリエイティブを採用し、それをマス向けに展開することを決定。同時に、ゲイ層、バイセクシュアル層に向けたオリジナルクリエイティブの制作も実施しました。

そして、サードステップでは、コミュニケーション設計に入ります。新商品の浸透に関わるイノベーター理論に合わせ、初期導入者であるイノベーター層、早期導入者であるアーリーアダプター層をゲイ層、バイセクシュアル層として、マス向けのプロモーションの前に、ゲイ・バイセクシュアル層向けのプロモーションを設定。当事者向けのセグメントメディアで、ゲイ・バイセクシュアル層向けのクリエイティブを早期に展開し、話題化を図ります。

その際、当事者内でのブランドエンゲージメントを高めるため、当事者インフルエンサーを起用した特設サイトを展開しました。ゲイコミュニティ内で、憧れの存在となる

ＧＯＧＯ ＢＯＹと言われる、鍛錬された筋肉のモデルを起用し、商品の紹介や、機能説明などを図ります。事前のスタディで、機能価値以上に、情緒価値を重視する傾向が強かったゲイ層に対しては、商品にとどまらず、商品を利用した後にメリットと感じるシーンの表現などを織り込んだ記事体広告の展開や、プロモーション動画なども展開していきます。

その後、実際にタッチ&トライの機会として、東京レインボープライドへの出展を行い、当事者とのリアルなコミュニケーションも行います。この際も、当事者であるＧＯＧＯ ＢＯＹや、ＤＲＡＧＱＵＥＥＮと言われる女装のキャストを起用し、広告・宣伝をしていきます。また、当事者から人気の高い下着ブランド「ＧＸ３（ジーバイスリー）」とのコラボレーションで、グルーミング（体毛などの身だしなみを整えること）を終えた後にオシャレに下着を履く喜びも想定してもらえるような工夫などを行いました。

実は、ＬＧＢＴマーケティングにおいて、この当事者と共にプロモーションを作っていくことが何より重要です。当事者インフルエンサーの起用や、当事者に人気のブランドと連携することで、企業が一方的に当事者に向けて価値を押し付けないことにもつながるからです。

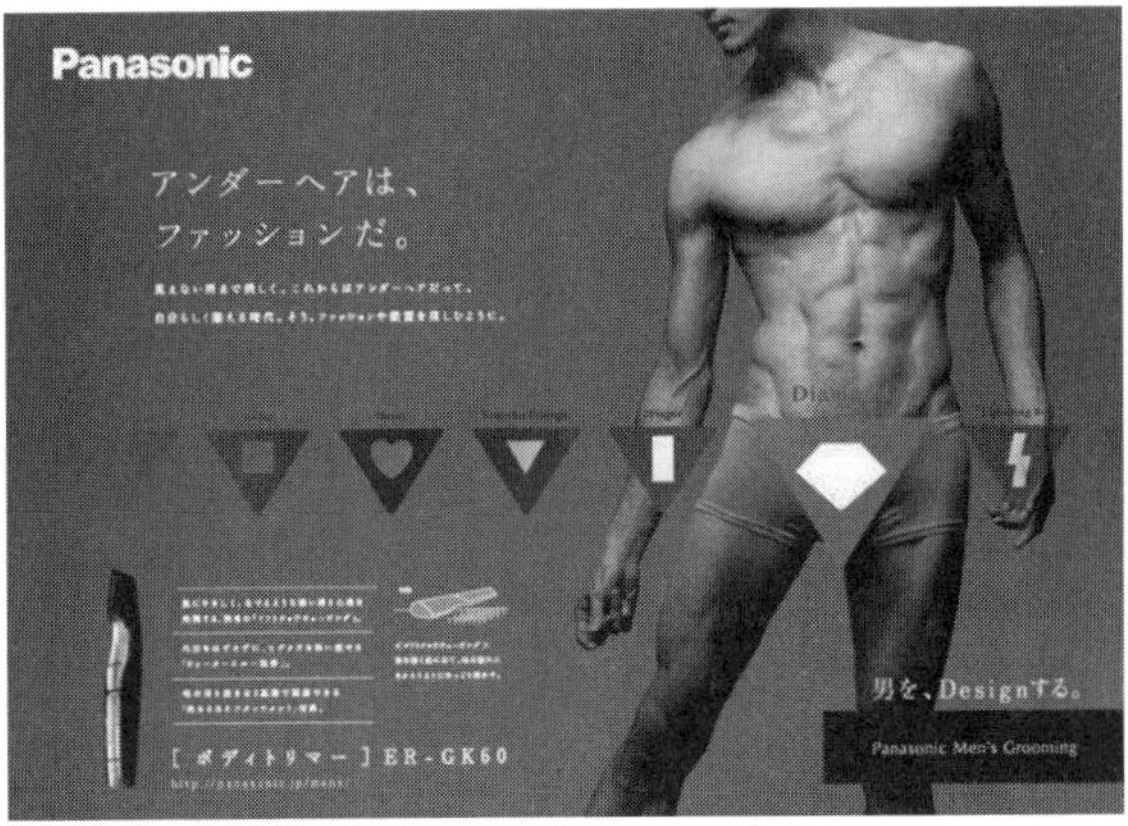

マス向けクリエイティブ

LGBT層向けクリエイティブ

当事者不在でプロモーションを実施すると、当事者ニーズにマッチングしない価値の訴求となり、結果、メッセージが届かないというケースが起きがちなのですが、当事者を通すことにより、当事者ならではの視点や解釈で、商品やブランドの魅力を浸透させることが可能になります。

こうしたプロモーションをマス向けプロモーションの前に展開することにより、当事者はもとより、当事者以外のターゲットにも響き、結果として当初予測していた販売想定目標の200％以上の販売台数を実現。発売日が2017年5月でしたが、10月まで主要販売店では欠品となってしまい、予約による販売が続くという結果になるほどの支持を獲得したのです。

また、当事者の感性を含めながら展開した同社ブランドの広告は、日本雑誌広告協会の日本雑誌広告賞の第一部銀賞を獲得する結果となりました。新たなチャレンジは決してリスクではなく、正しい取り組み方においては、イノベーションを創発し、新たな価値提供と収益性につなげることができるという一例となりました。

ANAの取り組み方と同様、基本的には、正しい理解、その先に、当事者の目線を通した提供価値の検討、当事者不在とならないコミュニケーション設計が何よりも重要であり、これらの取り組みは欠かすことができないと言えるでしょう。

マーケティング上、注意すべき表現

ＬＧＢＴマーケティングの基本の流れは、これらの先行事例から明らかになりました。実際のプロモーションや表現開発では注意すべきこともあります。

まず、侮蔑的表現となっていないかの確認が必要です。これまでに述べてきたように同性愛者に対するＮＧワード「レズ」「ホモ」「オカマ」「オネエ」、両性愛者に対する「両刀使い」、性別違和の方に対して「オトコオンナ」「ニューハーフ」「性同一性障がい」などの言葉や、ジェンダーロールの強要となる「男ならこうあるべき」「女ならこうあるべき」という文脈は基本的にはストレスとなり、理解を得ることはできないので、使用すべきではないでしょう。

また、異性装に対する嘲笑もネガティブに捉えられます。異性装をするタレントの芸風やネタの内容で笑いを取ることは問題ありませんが、異性装自体で笑いを取ることは、

ＬＧＢＴと向き合う上では相応しい表現とは言えません。制作過程においては、ついつい自身の価値観で「常識」と思い込んで表現制作することが多くあると思いますが、結果として炎上したり、批判が寄せられるという結果につながりかねません。制作者からすれば、「気がつかなかった」「知らなかった」かもしれませんが、大きなリスクを抱えることを忘れないようにしましょう。当事者の視点を交えることで、こうした「気づかなかった」「知らなかった」を回避することも可能なので、表現開発においてＬＧＢＴ当事者やアドバイザーの意見を仰ぐことは重要です。

ネガティブに捉えられる表現と逆に、ポジティブに捉えられる表現もあります。ＬＧＢＴに対するフレンドリーなスタンスを表明する表現として、レインボーもその一つです。また様々なセクシュアリティを尊重する言葉として、「自身のセクシュアリティに対してプライドを持とう」といった当事者の気持ちに寄り添った「プライド」や「誇り」などのキーワードは、ＬＧＢＴフレンドリーな言葉として認識されやすい傾向があります。

こうした「支援表明型」表現は、主に、ＬＧＢＴ向けのメッセージとして使用されています。欧米では、プライド・パレードやフェスタ等が実施されるタイミングや、同性婚が決定した国で、企業ロゴをレインボー色に変更したり、企業広告にレインボー色を織り込むなどの手法が取られます。

他にも、LGBTにしか分からないサインを織り込む「アイコンタクト型」の手法などがあります。例えば、米国ではHuman Rights Campaignという人権団体のロゴなどを織り込みながら広告制作が実施されるケースもあります。コマーシャルフィルムに出演するタレントのカフスボタンが人権団体のロゴになっていると、小さな箇所ではあるものの、当事者は気がつくというものです。

国内では、まだこの「アイコンタクト」となる当事者のみ理解できる秘密のサインがあまり浸透していないということもありますが、フレンドリーなタレントや、メッセージを織り込むことは、今後有効なコミュニケーション表現として検討されていくでしょう。

また「脱男女二元論型」の表現もポジティブに捉えられます。従来の価値観では「家族」＝「男女&子供」といった表現が通例でしたが、同性同士の家庭や、トランスジェンダー同士の表現などにも可能性があります。多様な価値観を尊重し、既存の価値観から抜け出た表現は非常にポジティブに捉えられます。恋人同士の表現を、男女のパターン、同性同士のパターンなど複数作成し、様々なメディアで表現するという企業も現れ、高い評価を得ています。男女二元論からの脱却は、ＬＧＢＴを含む性的マイノリティには、「自分たちを尊重してくれている」という気持ちにしてくれるのです。

これらの表現について、ＬＧＢＴ向けの特殊な表現手法と捉えるのではなく、多様なセクシュアリティが賛同可能なユニバーサルデザインとして捉えることができます。多様な生活者に向き合うことを決めた企業は、こうした多様なセクシュアリティの人たちにも受け入れられる表現開発にチャレンジしていくことが重要になってくるでしょう。こうした表現開発においては、やはり、当事者の視点や声が重要になります。

おわりに

さて、ＬＧＢＴについて、様々な視点から説明してきましたが、いかがでしたでしょうか。企業として向き合う際、最も重要なことは正しい知識の習得や理解を深めていくことであり、それがベースとなって社内・社外に対する取り組みにつながることをご理解いただけたでしょうか。

社内向けの取り組みはもちろん、マーケティング視点で取り組み出す場合も、ＬＧＢＴを知らずして、ＬＧＢＴとの向き合いは成立しないということをご理解いただければ幸甚です。

また国内ではまだまだ事例が少なく、現在、ＬＧＢＴ総合研究所も多くの企業と連携しながら検証している段階です。いずれにおいても「当事者不在」とならない取り組みこそが、何より重要であることは自明です。セクシュアリティに関する正しい知識の理解増進により、多様性社会の実現と、その先にイノベーション創発が存在しているのです。

国内企業の多くの従業員の皆様が、今後、社内、社外でＬＧＢＴと向き合うにあたり、遠い存在ではなく、近くの存在として向き合う時に、本書に記載している内容を参考にし、現状把握と未来への前向きな取り組みにご活用いただければ幸いです。

参考文献

リチャード・フロリダ著、井口典夫訳『新クリエイティブ資本論　才能が経済と都市の主役となる』（ダイヤモンド社）
中野勉『ソーシャル・ネットワークとイノベーション戦略　組織からコミュニティのデザインへ』（有斐閣）
大阪弁護士会人権擁護委員会性的指向と性自認に関するプロジェクトチーム『ＬＧＢＴsの法律問題Ｑ＆Ａ』（ＬＡＢＯ）
小田晋『性と犯罪の心理』（芸文社）
柳沢正和・村木真紀・後藤純一『職場のＬＧＢＴ読本「ありのままの自分」で働ける環境を目指して』（実務教育出版）
日高庸晴・星野慎二『ＬＧＢＴＱを知っていますか？』（少年写真新聞社）
風間孝・河口和也『同性愛と異性愛』（岩波新書）
アラン・ブレイ著、田口孝夫・山本雅男訳『同性愛の社会史　新版』（彩流社）
アンドリュー・サリヴァン著、本山哲人・脇田玲子監訳、板津木綿子・加藤健太訳『同性愛と同性婚の政治学』（明石書店）
ランディ・シルツ著、藤井留美訳『ＭＩＬＫ　ゲイの「市長」と呼ばれた男、ハーヴェイ・ミルクとその時代』（上・下）（祥伝社文庫）
松原國師『図解ホモセクシャルの世界史』（作品社）
砂川秀樹『新宿二丁目の文化人類学　ゲイ・コミュニティから都市をまなざす』（太郎次郎社エディタス）
四元正弘・千羽ひとみ『ダイバーシティとマーケティング　ＬＧＢＴの事例から理解する新しい企業戦略』（宣伝会議）
小山静子・赤枝香奈子・今田絵里香編『セクシュアリティの戦後史　変容する親密圏／公共圏 8』（京都大学学術出版会）
「Japan and Sexual Minorities 2008」アジア・太平洋人権情報センター
「性同一性障害に関する診断と治療のガイドライン　第４版」日本精神神経学会
work with Pride「ＰＲＩＤＥ指標レポート２０１７」
ＧＱ ＪＡＰＡＮ（２０１１年３月16日）

著者略歴

森永 貴彦（もりなが・たかひこ）

（株）LGBT総合研究所代表取締役社長

（一社）性的指向および性同一性に関する理解増進会理事

早稲田大学政治経済学部政治学科卒業後、2011年（株）大広入社。戦略プランナーとして企業の戦略構築や商品開発、事業開発等を手掛ける。

2016年博報堂DYグループのベンチャープログラムにて（株）LGBT総合研究所を設立。性的少数者に向き合う企業をマーケティング視点でサポートし、ダイバーシティ社会の形成を目指す。企業研修やコンサルティング等、LGBTに特化したマーケティングエージェンシーとして国内でも傑出した成果をあげており、事例を基に各種メディア取材やセミナーなどで多数の掲載、登壇実績をもつ。

日経文庫 1389

LGBTを知る

2018年4月13日　1版1刷

著者　森永貴彦

発行者　金子 豊

発行所　日本経済新聞出版社

https://www.nikkeibook.com/

〒100-8066　東京都千代田区大手町1-3-7

電話：03-3270-0251（代）

装幀　next door design

組版　マーリンクレイン

印刷・製本　シナノ印刷

ISBN978-4-532-11389-6

Printed in Japan